形象礼仪与化妆

主　编　李东阳　李幻宇　刘　影
副主编　冉祥云　赵恩亮　张春雷
参　编　钱　坤　马丽娜　王华增　高慧琳

机械工业出版社
CHINA MACHINE PRESS

作为礼仪之邦、文明之源，中国的文明礼仪为中华民族的发展奠定了坚实的文化自信。形象礼仪与化妆是职场沟通的桥梁和纽带，有助于提升个人竞争力、美誉度与服务质量。本书结合岗位实际应用编写，内容包含礼仪概述、职场礼仪、社交礼仪、面试模拟训练、形象塑造、化妆技巧、发型设计等，可为学生将来步入职场塑造良好的仪容仪表，搭配得体的服饰和妆容，培养端庄大方的举止奠定良好的基础。本书在构建理论知识体系的同时，突出实训环节的设计，分步骤展开细节操作，形成以能力培养为本位的整体设计。

本书既可以作为职业院校服务类专业的教材，也可以作为民航从业人员提升职业素养与形象礼仪的理论指导书，还可作为企业员工培训用书。

图书在版编目（CIP）数据

形象礼仪与化妆 / 李东阳，李幻宇，刘影主编.
北京 : 机械工业出版社，2025. 3. -- ISBN 978-7-111
-77548-5

Ⅰ. K891；TS974. 12

中国国家版本馆CIP数据核字第2025U9H410号

机械工业出版社（北京市百万庄大街22号　邮政编码100037）

策划编辑：卢志林　范琳娜　　责任编辑：卢志林　范琳娜　王华庆

责任校对：潘　蕊　张昕妍　　责任印制：单爱军

北京虎彩文化传播有限公司印刷

2025年4月第1版第1次印刷

184mm×260mm・9印张・203千字

标准书号：ISBN 978-7-111-77548-5

定价：49.80元

电话服务　　　　　　　　网络服务

客服电话：010-88361066　　机　工　官　网：www.cmpbook.com

　　　　　010-88379833　　机　工　官　博：weibo.com/cmp1952

　　　　　010-68326294　　金　书　网：www.golden-book.com

封底无防伪标均为盗版　　机工教育服务网：www.cmpedu.com

前　言

　　作为礼仪之邦、文明之源，中国的文明礼仪为中华民族的发展奠定了坚实的文化自信。崇尚礼仪是中华民族的传统美德，从古至今，源远流长。形象礼仪是职场沟通的桥梁和纽带，有助于提升个人竞争力、美誉度与服务质量。当代大学生面对日益激烈的竞争，在实力均衡的情况下想要脱颖而出，个人形象很关键。良好的个人形象关系着事业与生活的方方面面，当代大学生不仅要具备丰富的专业知识和高超的专业技能，还应注重塑造良好的个人形象。鉴于此，我们编写了本书。本书着重于大学生形象设计能力的培养，紧密结合其在未来职场中个人形象设计的实际确定编写内容。本书包括礼仪概述、职场礼仪、社交礼仪、面试模拟训练、形象塑造、化妆技巧、发型设计等内容。全书结构严谨、内容翔实、行文顺畅、深入浅出，具有较强的指导性和可操作性。

　　本书主要面向高职高专院校学生编写，结合职业岗位实际应用，为学生将来步入职场塑造良好的仪容仪表形象，搭配得体的服饰和妆容，培养端庄大方的举止，奠定良好的基础。本书具有以下特点：

　　1）坚持立德树人为根本。落实立德树人根本任务的关键是课程，教材是创新素质教育与专业课融合的有效载体。本书设置了"素养目标"栏目，内容紧密契合本模块的专业知识，融会贯通。

　　2）配备立体化教学资源。本书配套资源有教学课件、视频，可供师生开展"线上＋线下"混合式教学。

　　3）示范性和操作性强。本书在构建理论知识体系的同时，突出实训环节的设计，分步骤展开细节操作，形成以能力培养为本位的整体设计。本书含有丰富的示范图片，内容呈现直观、清晰，便于学生更好地掌握相应知识及动作要领。

　　本书具体编写分工如下：李东阳编写模块一、模块二、模块六和模块七，李幻宇、刘影编写模块三，赵恩亮编写模块四，冉祥云、钱坤编写模块五。全书由李东阳统稿，张春雷制作教学课件，马丽娜、王华增、高慧琳完成课后问题与讨论的整理等工作。

　　本书在编写过程中集采众家之长，参考颇多，在此，向各位专家学者深表谢意。由于本书的编写是新的尝试，对书中的不当之处，敬请指正。

编　者

2024 年 1 月

目 录

模块七
发型设计

形象礼仪与化妆

XINGXIANG LIYI
YU HUAZHUANG

知识目标

素养目标

能力目标

学前导读

模块一 礼仪概述

⊃ 学前导读

不学礼，无以立。——孔子

爱人者，人恒爱之；敬人者，人恒敬之。——孟子

礼貌是人类共处的金钥匙。——松苏内吉

《光明日报》记者王瑟参加了几场大中专毕业生的供需见面会，他感到最大的遗憾是许多大中专毕业生不注重人文素质，遭到用人单位的拒绝。许多毕业生在供需见面会上只想着把简历送到用人单位面前，却忽略了自己的仪态举止，引起用人单位的反感。

一位招聘人员对此解释道，供需见面会和招聘会，用人单位都是在现场进行招聘，不可能深入了解应聘者的情况。这个时候，应聘者除了简历外，衣着打扮、言谈举止、社会礼仪等人文素质就显得尤为重要。一位多次参加招聘的人员告诉记者，毕业生素质如何，看一眼他的举止就八九不离十了。素质良好，特别是能给人一种朴实、有朝气感的毕业生更受欢迎。

以上案例充分体现了礼仪修养的重要性。作为人类文明和社会进步的重要标志，礼仪在人们的生活、工作、社交及商务活动中发挥着越来越大的作用，已经成为现代人必须具备的基本素质之一。下面从礼仪的起源、礼仪的基础知识和礼仪的养成三个方面介绍学习礼仪的意义与方法。

⊃ 学习目标

知识目标

1. 了解礼仪的产生与发展过程。

2. 熟悉礼仪的内涵，根据礼仪的特点和原则，理解学习礼仪的意义。

3. 掌握学习礼仪的方法，做到学以致用。

能力目标

1．在学习、工作、生活中能灵活运用礼仪知识，达到"塑形、塑行、塑性、塑心"的目的。

2．通过学习，将礼仪转化成一种习惯，内化于心，外化于行，塑造学习者的良好形象，提高综合素养。

素养目标

掌握礼仪知识和技能，具备良好的职业素质、职业道德和职业形象，提高综合素养。

单元一　礼仪的起源

礼仪的起源

礼仪体现了一个国家、一个民族、一个地区的道德风尚和人们的精神面貌，它是人们以一定的程序、方式来表现的律己、敬人的完整行为，所以礼仪是人类精神文明的产物。

礼仪的历史是漫长而久远的。礼仪自产生以来就不断随着社会生产力的发展、人际交往的扩大、人类思维能力的提高和审美观念的变化而发展变化着。我国的礼仪自成体系，具有浓厚的民族特色，在中华民族传统文化中占有重要地位。在长期的社会历史发展中，它伴随社会性质的变革也曾发生过多次重大的变革。

"礼"起源于原始社会的祭祀活动。远古时代，人们在自然界觅食和栖身，由于对自然界还没有规律性的深刻认识，所以感到强大无比、神秘莫测的大自然是不可预见与控制的，也是令人敬畏的。当时，人类还处于原始社会，生产力水平低，对许多自然现象不能给予合理的解释，因此祭天敬神成为原始社会礼仪的主要内容。在礼的产生阶段，礼的行为指向主要是大自然（也包括人类本身）的自然物或自然现象。随着人类的进化，在与大自然的斗争中，人们认为自然界中一切恐怖的力量都是由某种神灵在主宰，因此，由敬畏大自然发展到崇拜主宰自然的神灵，有了图腾崇拜。礼的行为指向成为主宰自然的神，敬神成了礼的特征。后来，人们又把沿袭下来的一系列传统风俗习惯，当作全体氏族成员在生产、生活各种领域内应遵守的规范，礼的内容和形式逐渐丰富起来。例如，新石器时代人们在家族集会议事时，就有男左女右席地就座，老人坐上边，小辈坐下边的礼仪。礼的产生反映了人类的发展与进步。

阶级和国家产生后，"礼"的发展进入了一个新的阶段。社会的进步使人们由对大自然的崇拜转向对人类自身的关注与崇拜，将对天地神灵的祭祀礼仪导入人际关系。因此，礼的内容和形式发生了本质的变化，从原始的图腾宗教意识发展成一整套的伦理道德观念。由个人之间日常交往的礼节，延伸到社会生活的各个方面，甚至扩展到政治领域，许多不成文的习惯逐渐演变成具体的条文规定，并打上阶级的烙印。西周时期，周公集"礼"之大成，提出一系列礼制。人们通常认为传世的《周礼》和《仪礼》就是周公的遗典，它们与其释文《礼记》被合称为"三礼"。周公丰富了礼的内容，提高了礼的境界。虽然《周礼》有建立秩序、确立等级、树立君主的尊严和绝对权威，以维护政治统治的目的，但同时它也体现了人类希望建立一种和睦的人伦关系、一种稳定的社会秩序的愿望与能力。春秋时期，孔子以"仁"丰富了礼的内容。"仁"的内涵，是德与礼的综合。在中国文化中占主导地位的儒家文化，以"礼"为核心，构建了完整的伦理、道德行为规范和政治行为规范。礼仪发展的意义正如《曲礼上》所说："鹦鹉能言，不离飞鸟；猩猩能言，不离禽兽。今人而无礼，虽能言，不亦禽兽之心乎？""是故圣人作，为礼以教人，使人以有礼，知自别于禽兽。"以礼作为自我约束的规范，明确人区别于禽兽的特质，体现了中国古代文明的巨大进步。

◆ **拓展阅读**

传说明代初期，苏禄群岛上的一位国王来中国朝拜，后因病在中国逝世，他临终前要求死后葬在中国，因为中国是个"礼仪之邦"。公元 13 世纪末期，意大利旅行家马可·波罗曾盛赞中国是"东方的天堂"。在他的游记发表后，人们开始了解东方，了解中国。在欧洲人眼中，中国既是物产丰富的国度，更是文明昌盛、可望而不可即的仙境，是他们心目中的天堂。

的确，很久之前我们的祖先就创造了无与伦比的文明。中国曾被外国人称为君子之国而受敬仰。今天，很多到过日本或跟日本人有过接触的人，肯定见过日本人频频鞠躬的礼节，听过"欢迎光临""请多关照"等礼貌用语。日本人称这种礼节和礼貌为"唐风"，因为这个礼节沿袭了我国唐朝的礼制。

想一想

1. 为什么日本人称他们的礼节和礼貌为"唐风"？
2. 读此资料后，你有哪些感想？

后来，历代封建王朝的统治阶级都崇尚儒家主张的"礼治"，沿袭周礼，并根据自己统治的需要，不断加以修改、补充和完善。礼仪逐渐成为社会生活总则，它融合思想准则、政治经济制度、道德、习俗，强有力地规范人们的生活行为、道德追求与是非善恶观念，成为维护等级社会和等级秩序的准则，也是人们的行为规范和待人接物的态度标志。盛唐时期，礼仪随着文化的兴盛繁荣而发展起来，封建统治者不仅推崇礼教，还把《仪礼》《礼记》等著作升级为《礼经》。宋代是封建礼教发展的又一高峰，出现了程朱理学，礼仪也向家庭扩散。明朝时，朱元璋大力推崇礼教，举国礼化，制定了祭祖、祭天、祈年等仪式仪程，明确了君臣之礼、尊卑之礼、交友之礼等社会活动规范，形成了政治统治所需要的一系列礼仪。同时，家礼逐渐向深层发展，详细规定了家庭成员及亲属间各种相互关系的礼仪礼节。清代，统治者很快接受了汉族的礼制，又在广度和深度上有所拓展。总之，在长期的封建统治下，礼制中的等级观念越来越被强化，礼的治国安邦的功能越来越被强调，礼逐渐成为统治者维护自身地位和权益的有力工具，成为制约人性、限制民众自由的统治手段。可见，传统礼仪在陶冶人的道德情操，促进社会稳定、国家统一等方面的确有不可磨灭的历史功绩，中国古代文明传承几千年而不曾中断，与礼仪文化的强大凝聚力是密不可分的。

中国礼仪文化的核心是"以文化人"，主张"内省"，强调个人道德修养，注重调解人与人之间的关系，重视人的群体价值，将个人的权利与群体的义务、责任联系在一起，主张"义重于利"。这些伦理观、价值观对于解决现代人的精神困惑，提高文化素养大有裨益，而"己所不欲，勿施于人"等格言至今仍为人们津津乐道，这正体现了它们的永恒价值。

我国的现代礼仪，摆脱了封建落后的成分，人们对礼仪重新进行了文化审视、合理性思考，汲取了西方文化的精华，使东、西方礼仪有机交融，逐步完善和发展。现代的礼仪文化以科学精神、民主思想和现代生活为基础，表现出新时代的社会关系和时代风貌。现代礼仪的许多内容和形式，都是在新中国成立以后才形成的，其中既有为适应当代社会需要而生成的新的行为规范，又有对西方国家礼仪的借鉴，也不乏对传统礼仪的选择和继承。现代礼仪生动地体现了礼仪文化的生命力和革新精神。

正如有的学者指出的那样：在新文化建设的进程中，礼将会越来越淡化它作为社会政治秩序和国家机构建设方面的色彩，而侧重于人际交往和思想品德修养过程中的礼仪规范，成为一种适用于国际交往、社会交际和道德约束的精神与原则。在当代，礼仪正在回归它的本位，充分发挥积极作用。

单元二　礼仪的基础知识

一、礼仪的概念

中国有一句老话，叫"言必称三代"，意思是说，中国的文化、思想、制度都是从夏、商、周三代发源的，因此，人们要到三代去寻找理论依据。孔子在《论语·为政》中说："殷因于夏礼，所损益，可知也；周因于殷礼，所损益，可知也。"但是，三代的社会性质迥然有别，社会变革之剧烈，正如《诗经·小雅·十月之交》所说："高岸为谷，深谷为陵。"高高的山崖变成了山谷，深深的山谷变成了山陵。在如此动荡的背景之下，"礼"的含义也在发生深刻的变化。

（一）礼的含义

据考证，礼仪源于我国古代敬奉神明的祭祀。"礼"字在甲骨文中就有，其本意是敬神，引申为尊敬、崇敬。所以说，"礼"源于祭，立于敬，目的是祈福。"礼"字在古代与"履"

字相通，意思是鞋子，穿了鞋子才好走路。但是鞋子既不能太大，也不能太小，要刚刚合适。

到了周朝，为了调整人们之间的关系，把"礼"与"德"结合起来。随后等级制度的出现，"礼"成了区分贵贱、尊卑、顺逆、贤愚的人际交往准则，位于其他社会观念之上。正如荀子所说："人无礼则不生，事无礼则不成，国无礼则不宁。"这三个"礼"字各有各的含义。用现代的语言来说，第一个"礼"字指生活交往中的行为规范；第二个"礼"字指规矩、规则；第三个"礼"指政治法律制度。

（二）仪的含义

"仪"，本意指竖立的木柱。《尔雅·释诂》说："仪，干也。"《经义述闻》中有："桢、翰、仪、干，皆谓之立本也。"引申为形式，包括礼节、仪式及容貌、举止等。

根据考证，"仪"字的含义包括五个方面的内容：第一，法度、准则；第二，典范、表率；第三，形式、仪式；第四，容貌、风度；第五，礼物。

（三）礼仪的含义

"礼仪"一词，最早见于《诗经》和《礼记》。现代社会"礼仪"一词有了更加广泛的含义，其内容包括行礼仪式、礼节及仪式、风俗规定的仪式、行为规范、交往程序、礼宾次序、道德规范等。一般，礼仪指人们在社会交往中由于受历史传统、风俗习惯、宗教信仰、时代潮流等因素的影响而形成，既为人们所认同，又为人们所遵守，以建立和谐关系为目的的各种符合礼的精神及要求的行为准则或规范的总和。

由于礼仪是社会、道德、习俗、宗教等方面人们行为的规范，所以它是人们文明程度和道德修养的一种外在表现形式。礼仪对个人而言，是一个人思想水平、文化修养、交际能力的外在表现；对社会而言，礼仪是人类文明的结晶，是现代文明的重要组成部分。它体现的宗旨是尊重，既是对人也是对己的尊重，这种尊重同人们的生活方式有机地、自然地、和谐地融合在一起，成为人们日常生活、工作中的行为规范。这种行为规范包含着个人的文明素养，也体现出人们的品行修养。

综上，礼仪从广义上讲，指一个时代的典章制度；从狭义上讲，指人们在交往中的秩序、方式及实施交往时外在表象方面的规范。

二、礼仪与礼貌、礼节的关系

了解礼貌、礼节的含义和礼仪、礼貌、礼节之间的关系，能够更完整、更准确地把握礼仪的概念及其本质属性。

礼貌指人们言语动作谦虚、恭敬、友好的表现。它体现在遵守秩序、言必有信、尊老敬贤、待人和气、仪表端庄和讲究卫生等方面。礼貌的主要内容和基本要求总是与一定时期内社会所倡导的道德准则一致，它体现了时代的风格与道德水准，反映了人们的文化层次与文明程度。礼貌是礼仪的基本内容和重要表现，是文明交往的起码要求。

礼节指人们在日常生活中，特别是在社交场合中，相互间表示问候、致意、迎送、祝颂、尊敬、慰问、哀悼等所惯用的规则和形式。礼节是礼貌的具体表现方式，它渗透在社会生活的各个方面，是约定俗成的"法"。

礼仪、礼貌、礼节具有共性，都与"礼"有关，本质上都是尊敬、友好地对待他人。但它们又有差异，礼貌是礼的静态风范，多指个人的言语行为，侧重于表现个人的品质与素养；礼节是礼的具体表现形式，具有操作性和程式化的特点；礼仪的内涵则更深、更广，它不像礼节那样只是一种做法，而是一个表示礼貌的系统、完整的过程。礼仪、礼貌、礼节之间有相互联系、相互制约、相辅相成的关系。

三、礼仪的特点

（一）礼仪具有认同性

所谓认同性，是全社会约定俗成、共同认可、普遍遵守的准则。一般来说，礼仪代表一个国家、一个民族、一个地区的文化习俗特征，但也有不少礼仪是全世界通用的，具有全人类的共同性。例如，问候、打招呼、礼貌用语、各种庆典仪式、签字仪式等，大体是世界通用的。

礼仪的普遍认同性，主要源于共同的经济生活和文化生活。经济的共同性必然导致礼仪的变化。例如，现代社会的快节奏、高效率，使现代礼仪向简洁、务实方向发展，共同的文化孕育了共同的礼仪。礼仪的普遍认同性表明社会中的规范和准则只有得到全社会的认同，才能在全社会中通用。

（二）礼仪具有规范性

所谓规范性，主要指它对具体的交际行为具有规范性和制约性。这种规范性本身所反映的是一种被广泛认同的社会价值取向和对他人的态度。无论是具体言行还是姿态，均可反映出行为主体的思想、道德等内在品质和外在的行为标准。

（三）礼仪具有广泛性

所谓广泛性，主要指礼仪在整个人类社会的发展过程中普遍存在，并被人们广泛认同。礼仪无处不在、无时不在。例如，"世界问候日"的成立：1973 年 11 月 21 日，第四次中东战争期间，为促进埃及与以色列之间的和平，来自澳大利亚的姆可马克与米切尔兄弟两人，自费印刷了大量有关问候的宣传材料寄给世界各国政府首脑及世界知名人士，向他们阐述设立"世界问候日"的重要意义，第一个"世界问候日"就此诞生。联合国还曾经发行过一套"世界问候日"的邮票，希望人们借助信件传递友爱，给每个人都带去一片好心情。

（四）礼仪具有沿习性

所谓礼仪的沿习性，指礼仪形成本身是个动态发展过程，是在风俗和传统变化中形成的行为规范。在这种发展变化中，礼仪表现为一种继承和发展。礼仪一旦形成，就有相对独立性。今天的礼仪形式就是从昨天的历史中继承下来的，优秀的礼仪必须传承下去，而那些封建糟粕则会被抛弃。所以，交际礼仪的沿袭和继承是个不断扬弃的社会进步过程。

世界上任何事物都是发展变化的，礼仪虽然有较强的相对独立性和稳定性，但它也毫不例外地随着时代的发展而发展变化。社会交往的扩大，各国民族的礼仪文化都会互相渗透，尤其是西方礼仪文化引入中国，使中华礼仪在保持传统民族特色的基础上，发生了更文明、更简洁、更实用的变化。

四、礼仪的基本原则

为了学好、用好礼仪，有必要了解礼仪的原则，从宏观上掌握这些具有普遍性、共同性、指导性的礼仪规律。

（一）尊重他人

在与人交往时，尊重他人是礼仪的重要原则，只有尊重他人，才能创造和谐愉快的人际关系。

孟子曰："恭敬之心，礼之端也。"尊重是礼仪的第一原则，也是最根本的原则，是礼仪的灵魂。礼仪要求尊重他人，包括：尊重他人的人格，这是尊重原则的第一要义；尊重他人的个人爱好、性格特质和风俗习惯，不把自己的意志和意愿强加于人；尊重他人的人身自由及其他各种权利等。从本质上讲，尊重他人，实际上就是时时处处为他人着想，做到"己所不欲，勿施于人"。

"敬人者，人恒敬之"是指尊敬别人的人，别人也会尊敬他。彼此互相尊敬，人与人之间的关系才能和谐愉快，减少摩擦或纷争。在社会交往中，尊重是相互的。人与人之间的和谐关系，只有在相互尊重的过程中，才能逐步建立起来。大家知道，自尊是人的基本需求，每个人都希望被人尊重、被人肯定，那么人人都应该懂得尊重别人。因此，请时刻谨记歌德所说："你想赢得别人的尊重吗？那么请你首先学会尊重别人。"

（二）真心诚意

礼仪所讲的真诚原则，就是要求人们在交往中应该发自内心地尊重别人，并在行为上表现出来，即内心和动作要协调一致，表里如一。

真诚是立身之本、待人之道。孔子早就说过，礼基于仁，仁源于孝悌，孝悌始于内心。心中没有对他人的敬意，表面的一切都是虚假的。戴尔·卡耐基也强调待人以诚，把对人真诚视为交往和礼仪的通则。他十分欣赏中国古训"交友须带三分侠气，做人要存一点素心"。我们学习礼仪倘若缺乏真诚之心，只学了礼仪的形式，这种所谓的礼仪就变成了矫揉造作的客套或周旋逢迎的虚情假意，变成了一种欠缺诚意的装腔作势或卖弄自己教养的行为。

礼仪是内在的恭敬之心与外在的礼节仪式的统一，所以在社会交往中，要牢固树立真诚的观念，并以此要求自己外在的举手投足、接物应对。只有这样，才能使自己所表达的尊敬和友好之意，更好地被对方理解、接受，才能真正体现出礼仪的层次和水平，使礼仪含有更多的文明因素和伦理因素，为促进人类的精神文明做出更大的贡献。

◆ **拓展阅读**

　　张良闲暇时徜徉于下邳沂水桥上，见一穿着十分寒酸的老人挡道，张良出于尊老而欣然让路。然而老人却故意将鞋掉落桥下，刻薄地叫张良下桥拾鞋。起初张良未免恼怒，但转而一想对方年事已高，应尊敬而礼让，所以下桥拾鞋，刷去灰尘，跪下给老人穿好。老人感动，即约张良五天后一早在原地见面。张良跪退。五天后，张良天不亮就去赴约，老人已在桥头。老人愤愤地把张良指责了一通，约张良过五天再来。五天后张良三更鸡鸣就去了，无奈还是在老人之后，又遭一顿骂。第三次张良半夜就等在桥头，终于比老人早了一点，老人见后欣然道："孺子可教矣。"于是，送给张良兵书《太公兵法》。张良遂成一代名将，辅佐汉高祖刘邦，立下汗马功劳。

　　想一想

　　张良成为一代历史名将有诸多原因，从这个案例看，其中最重要的是什么呢？

（三）信用宽容

　　信用，即讲究信誉的原则。孔子曾有言："民无信不立，与朋友交，言而有信。"强调的正是守信用的原则。守信用是我们中华民族的美德。在社交场合中，尤其讲究的是：一要守时，与人约会，决不应拖延、迟到；二要守信，与人签订的协议、约定和口头答应他人的事一定要说到做到，所谓"言必行，行必果"。因此在社交场合，如没有十分的把握就不要轻易许诺他人，许诺做不到，反而会失信于人。

　　宽容，就是宽宏大度，能容忍、原谅别人的个性、行为，甚至过失。中国传统文化历来重视并提倡宽容的道德原则，并把宽以待人视为一种为人处世的基本美德。宽容也是礼仪的基本原则。它要求人们在交往活动中，要设身处地地为他人着想，以宽厚、宽宏、宽待的精神，对待和处理同他人的关系。总之，宽容就是不让他人产生不愉快，不使人难堪，它可以使人与人之间更和睦地相处。所以，真正懂礼仪的人，不论和什么人在一起，不论身边的人懂不懂礼仪，都能以自然、得体的态度，与他人和谐共处。

（四）平等待人

　　平等是人与人之间建立良好关系的首要前提和必要条件。在与他人社交中，礼仪行为总是相互的，你给对方施礼，自然对方也会相应地还礼于你，这种礼仪施行必须讲究平等的原则。平等是人与人交往、建立情感的基础，是保持良好人际关系的诀窍。平等在交往中，表现为不要骄狂，不要我行我素，不要自以为是，不要厚此薄彼，不要傲视一切，更不能以貌取人，或以职业、地位、权势压人，而是应该时刻平等谦虚地待人，只有这样，才能结交更多的朋友。

　　现代礼仪不同于传统礼仪的根本点就在于，它建立在平等的基础之上并以平等作为基本原则。礼仪所涉及的平等，主要指人格和道德的平等。每一个人的人格都是平等的，都应当受到尊重，任何人都没有凌驾于他人之上的特权。所以在与人交往时应该做到彬彬有礼，却不低三下四；热情大方，却不轻浮谄媚；谦虚谨慎、尊重他人，同时要自尊自爱、不卑不亢。道德的平等要求对一切人都一视同仁，同等对待。不管什么情况下，都不能因为交往对象在年龄、性别、文化、职业、身份、地位、种族、财富及与自己关系亲疏的不同而厚此薄彼、看客施礼。

（五）自律自信

自律是礼仪的重要原则之一，简言之，就是要"慎独"，要严于律己。按照自律的原则，每个人首先应该把学习和运用礼仪当作对自己的自觉要求；然后通过学习，树立起道德信念和行为准则，并以此来约束自己在社会交往中自觉地去实行；再则应该"吾日三省吾身"，时刻用礼仪规范对照检查自己，自觉地养成良好的礼仪习惯。一个人培养和提高礼仪修养的过程，就是在高度自觉的前提下，提高自己整体素质的过程，在这个过程中，做到"高度自觉"非常重要。

生活中，有些人在某种场合能做到懂礼貌、讲文明，而在另一种场合却显得粗俗、放肆。虽然环境对人的影响很大，但自律的原则要求我们应该时刻严格地以礼仪标准规范自己的言行。

自信的原则是社交场合中一个心理健康的标准，只有对自己充满信心，才能不卑不亢，自然大方。自信是社交场合中一份可贵的心理素质。一个充满自信的人，才能在交往中落落大方，遇到强者不自惭，遇到磨难不气馁，遇到侮辱敢于挺身反击，遇到弱者会伸出援助之手。

（六）适度与从俗

适度原则即交往应把握礼仪分寸，根据具体情况和具体情境而行使相应的礼仪，例如，在与人交往时，要彬彬有礼但不能低三下四，要热情大方但不能轻浮谄媚，要自尊但不能自负，要坦诚但不能粗鲁，要信人但不能轻信，要活泼但不能轻浮，要谦虚但不能拘谨，要老练持重但不能圆滑世故。凡事过犹不及，礼仪的运用也是这样。我们待人接物时，应该真诚热情，得体到位地把自己的自律和敬人之意恰如其分地表达出来。但一定要掌握好分寸，做到热情有度，恰到好处。过分的热情，只会让人心生反感，甚至会使别人陷于难堪的境地。所以，真正待人处事有方的人，都能够把握在不同环境中交往双方彼此之间的情感尺度，注意保持在各种情况下自己与他人的社交距离。

俗话说："十里不同风，百里不同俗。"由于国情、民族、文化背景的不同，人们在交往时必须做到入乡随俗，尊重当地的习惯，与绝大多数人的习惯做法保持一致，切勿目中无人，自以为是，指手画脚，随意批评，否定其他人的习惯性做法，这也是礼仪的重要原则之一。

五、礼仪的作用

孔子曰："不学礼，无以立。"礼仪在人们的自我完善和社会交往中起着重要的作用，概括地说，礼仪是表示人们在不同地位的相互关系和调整、处理人们相互关系的手段。礼仪的作用表现在以下几个方面：

（一）道德教化

礼仪具有教化作用，主要表现在两个方面：一方面是礼仪的尊重作用，礼仪作为一种道德习俗，它对全社会的每个人，都有教化作用；另一方面，礼仪的形成、完备，会成为一定社会传统文化的重要组成部分，它以"传统"的力量不断地由老一辈传继给新一代，世代相继相传。在社会进步中，礼仪的教化作用具有极为重大的意义。

礼仪是人际交往中互相尊重、联络感情、增进友谊的行为，也是一种道德。我国大力加强公民道德建设，"明礼"就是其中的重要内容之一。约翰·洛克在《教育漫话》中也说："对于人来说，首要的品德是礼仪，礼仪使品德能够放射出耀目的光彩。"的确，礼仪修养作为道德养成的重要内容，不仅反映一个人的交际技巧与应变能力，更反映一个人的气质风度、阅历见识、道德情操、精神风貌。在特定的环境里，还体现出人格和国格的文明程度的水准。

礼仪的教育功能在于它能够把某种公认的价值体系、行为准则灌输到个人的意识与行为中，使其形成相应的礼仪观念与礼仪习惯，形成讲求礼仪的精神品质与人格。让礼仪教育走进校园是非常必要的，因为礼仪教育也是一种素质教育、人格教育，它在教育体系中应该占有重要的地位。

（二）调节关系

礼仪具有调节人际关系的作用。马克思说过："社会是人们交互作用的产物。"没有社交活动，人类的生活是不可想象的。人们参加社交活动，多是为了调节紧张的生活，建立友谊、交流感情、融洽关系、广结良友、增长见识、扩展信息。一方面，礼仪作为一种规范、程序，作为一种文化传统，对人们相互之间的关系起到规范、约束和及时调整的作用；另一方面，某些礼仪形式、礼仪活动可以化解矛盾、建立新关系模式。可见，礼仪在处理人际关系及发展健康良好人际关系中，发挥了重要作用。

礼仪是一封永久的推荐书，它可以使人通向四面八方。现代化的社会对人们的社交提出了新的要求，社会越发展，物质生活越丰富，人们社交的需要就越显示出价值。礼仪是人们社会交往的产物，反映了人需要交往也离不开交往的社会属性，并以自己所特有的功能维系、深化和推动交往，使人与人的交往日趋进步和文明。作为一种润滑剂，礼仪除了可以使个人在交往活动中充满自信、胸有成竹、处变不惊外，还能更好地向对方表达自己的尊重、敬佩、友好与善意，增进彼此的了解与信任，升华彼此的情感。所以，礼仪能让已有的往来继续保持和发展，还能让人结交更多的朋友和合作伙伴。重礼仪的人会获得更为和谐而完美的人际关系，得到别人更多的关心、爱护、温暖、友情与尊重，显然，这对一个人的一生是大有裨益的；反之，不熟悉礼仪则会影响相互关系，带来误解、麻烦或不好的影响。

（三）规范约束

礼仪具有规范和约束的作用。礼仪一经制定和推行，长此以往，便形成社会习俗和社会行为规范。任何一个生活在某种礼仪习俗和规范环境中的人，都会自觉或不自觉地受到该礼仪的约束，自觉接受礼仪约束的人是成熟的标志，不接受礼仪约束的人，社会就会以道德和舆论的手段来对他加以约束，甚至以法律的手段来规范。孔子曰："非礼勿视，非礼勿听，非礼勿言，非礼勿动。"即强调了礼仪的规范性。

礼仪作为社会确定的行为规范，不断地支配或控制着人们的交往行为。在一切交际活动中，每一位参与者不仅自觉、自愿地用它来约束自己的言谈举止，而且用它来衡量和判断他人。任何人，不论身份高低、财富多寡，其行为符合礼仪要求，就被人们所认可，反之就会受到否定甚至指责。因此，一个人要想在交际场合赢得他人的好感和尊重，就必须按照礼仪规范去做。如果根据个人好恶遵守这部分而不遵守那部分，则难以被他人理解和接受。因此，当我们要进入某一地域时，必须首先了解那里的习俗和行为规范——毕竟一个国家有一个国家的风俗，一个民族有一个民族的习惯，一个行业有一个行业的礼节仪式，并按照这样的习俗和规范来约束自己的言行。

礼仪作为一种规范在社会生活中发挥越来越大的作用。它帮助人们约束自我、尊重他人，互相理解和合作，正确地认识和处理个人和他人及社会的关系，自然地表现出良好的社会道德和职业道德，从而创造出和谐温暖的人际关系和社会环境。

（四）塑造形象

礼仪具有塑造形象的作用。它不但能塑造良好的个人形象，而且能通过塑造个人形象塑造组织的形象，甚至塑造一个国家或民族的形象。简单地说，个人形象指通过自己的仪容着装、言谈举止、为人处世等给别人留下的总体印象。个人形象对一个人的社会交往会产生很大的影响。如果你在各方面都做得符合礼仪要求，给人的印象就是美好的，别人就乐于与你交往；反之，不讲礼仪，给人的印象不好，别人就不愿意与你交往。必须强调的是，在社交中有"首因效应"一说，即人们在初次接触某人的时候，会即刻产生一种印象，这种印象的好坏，不但直接左右人们对此人的评价，而且还将在很大程度上决定交往中双方关系的好坏。所以，在社交中，必须注意自己给别人的第一印象，尤其是在求职应聘和商务往来中更应如此。在现实生活中，懂礼仪的人往往会给别人留下完美的第一印象。这也正是在同一个择业机会面前，面对同等条件的竞争对手，受过成功礼仪教育的人往往能脱颖而出的重要原因。因此，礼仪教师丁兆吉说："当前的社会是一个开放、竞争的社会。人与人交往范围日趋广泛，人们的机会在增多，但同时人与人的竞争强度也在加大，在这种条件下，礼仪甚至作为把目标、机会变成现实的自身推荐手段而存在。"

礼仪也能通过塑造完美的个人形象来塑造组织形象，甚至塑造一个国家或民族的形象。彬彬有礼的员工，会使人对其所在组织产生很强的信任感，这就是礼仪的魅力。因为，个人形象是组织形象的基础，组织中个人的仪容、着装、言谈举止、服务质量等是一个组织总体特征与风格的重要组成部分，反映了员工的素质，代表了组织的形象，而一个组织的形象则直接关系着它的效益。例如，有的企业通过统一企业标识、统一企业服装、统一色彩等，塑造组织统一的社会形象，也使组织的员工自觉地维护组织的形象。所以，社会组织要想在日益激烈的竞争中占有一席之地，必须重视对员工进行礼仪知识教育和礼仪规范训练，通过员工良好的仪容风范、言谈举止来为组织赢得知名度、美誉度。

（五）净化心灵

礼仪具有净化心灵的功能。历史上许多思想家都把礼仪上升到治国安邦、济世安民的高度，荀子曾说："人无礼则不生，事无礼则不成，国家无礼则不宁。"礼仪作为衡量社会文明和进步的尺度，不仅体现着人们的道德理想和精神追求，而且代表了人们的社会价值观和健康的生活方式，是形成互相尊重的人文氛围、推动精神文明建设的有效保证。梁启超在《论公德》中指出："我国民所最缺者，公德其一端也。""吾中国道德之发达，不可谓不早，虽然，偏于私德，而公德殆阙如。"现在一百年过去了，不讲公德的现象仍然屡见不鲜。不可轻视那些所谓的"小节"，它不仅折射出一个人的文化修养和文明程度，同时也反映着社会的风气。一位哲人曾说过："一个没有社会公德的民族是个危险的民族，而一个拥有良好社会公德的民族肯定是个充满希望的民族。"当前，我国正大力加强社会主义精神文明建设，"明礼"是其中一项重要的内容。可以说，提倡学习礼仪，遵守礼仪，使公民从衣着容貌到言谈举止都尽可能地给人以美感，将有助于提升个人乃至全社会的精神品位，净化社会风气，创造文明的生活环境。

单元三 礼仪的养成

礼仪的作用是使学习者懂得学习礼仪的意义，礼仪的原则是使学习者掌握运用礼仪的要求。下面谈谈怎样才能学好礼仪，也就是礼仪如何养成。

一、内外双修

礼仪的学习要求内外双修。礼仪是一种形式美，它是人的心灵美的外在表现。一个人自身道德修养和文化层次的提高，是学好礼仪的关键。所以，我们学习礼仪要与学好其他科学文化知识结合起来，要多读书、多学习、多思考，不断丰富自己的内涵。

孔子在两千多年前就说过："质胜文则野，文胜质则史。文质彬彬，然后君子。"意思是，一个人品格质朴，但不注重礼节仪表，就会显得粗野；光注重礼节仪表，却缺乏质朴的品格，就会显得虚浮。只有将礼节仪表同质朴的品格相结合，才是真正有教养。英国著名哲学家弗兰西斯·培根说："行为举止是心灵的外衣。"现实生活也告诉我们，一个道德和文化修养高的人，往往是一个知礼、遵礼的人，必然行为合体，举止谦和，不违反礼仪规范。可见，有道德、有修养、有文化、有学识，才能"知书达礼"。我们要做一个"知书达礼"的人，就要通过读书学习，提高自己的道德修养和人文知识水平，了解更多的礼仪常识，并在日常生活中注意自己的仪表言行。

◆ **拓展阅读**

美国辛辛那提大学应用技术学院的22名理工科大学生，在结束了为期10周的"世界礼仪"课程之后，又参加了该科目的大考。

有趣的是，考试地点设在一家新开张的法国餐馆，考生无须笔试，也不必写论文，但需表演世界各国不同民族的用餐技巧，以及展示在不同国家或地区交谈或行动时须遵守的种种"特殊规矩"。

主讲此课的教师是该校媒体及文化研究系的系主任琳达女士。她指出，随着国际交往的日趋频繁，世界越来越变得像个"地球村"，由此引导新一代人如何与世界水乳般地融合也就成了美国式素质教育的一个有机组成部分。而开设"世界礼仪"课的目的就是帮助这些理工科大学生重视商业礼节和国际礼仪，以便在毕业后能更容易找到工作，并更快地获得晋升。琳达还透露，该课程要求学生研究世界各国不同民族不同的"职业行为"，并学会如何在不同国家举办各类活动。

想一想

美国理工科大学生如此重视世界礼仪的学习，说明了什么问题？

二、知行合一

礼仪本身就是一门应用科学，因此，学习礼仪要学用结合，把书本知识与社会实际及个人实践很好地联系起来，坚持做到知行合一。

知行合一，就要一边学习礼仪知识，一边将所学到的知识应用于实践中去，从日常的点滴做起。因此，要注意避免两种倾向：一是畏难情绪，有的人认为自己已成年，待人接物的习惯都已经养成，现在再按礼仪规范去纠正比较困难，要付出不少辛苦，所以他们从理论上承认礼仪是好的，却不愿付诸行动；二是怕人笑话，有的人有顾虑，认为自己周围的人都没有学过礼仪，如果自己运用礼仪，会遭人笑话，说自己在"玩虚的"，尤其是在熟悉自己的人中间更不好意思运用礼仪。这两种倾向都是不对的，其实不管年龄多大，只要意识到礼仪在现代社会中的重要性，下决心去学、去用，就一定能逐步掌握。在没学过礼仪的人中更应该有率风气之先的勇气，不但要运用礼仪，更应当宣传礼仪，引导周围的人都按礼仪要求去做。还有的人具有从众心理，看别人如何做再决定自己怎样做，你讲礼仪，我就运用礼仪；

你不讲礼仪，我也不用礼仪规范对待你，这也是不对的。学过礼仪的人在任何时候都不应该忘记自律，一定要在学习礼仪的过程中，自觉地运用礼仪。

三、灵活变通

学习礼仪要树立根据具体情况灵活运用的观念。现代礼仪不是牢牢束缚人们行为的繁文缛节，不能脱离实际，抱着条条框框不放。例如，进入漆黑的地下室的楼梯时也讲"女士优先"，让女士走在前面，而男士拿着手电筒走在后面就不合时宜了。再如，在家庭场合，严格遵守用餐礼仪，一味讲究"坐、请坐、请上座"也是不合适的。所以，学习礼仪要灵活应用，学会变通，礼仪规范不分情况、场合一律生搬硬套是不可取的。

其实运用礼仪时最重要的还是遵循尊重的原则，只要是从尊重别人、关心爱护别人的角度去做，即使在某些场合的做法与礼仪中的条条框框相悖，也是与礼仪的本质相吻合的。

四、反复渐进

礼仪习惯的养成具有反复性和渐进性，不是一朝一夕的事情，不可能一蹴而就。因此，在学习礼仪时应当抓住重点，分清主次。要先从与自己生活最密切的方面开始，一点一滴地做起，这样往往会获得事半功倍的效果。

礼仪的学习需要一个循序渐进并且不断反复的过程。因为不少人已经养成了一些不符合礼仪的习惯，这些习惯一旦养成，不容易一下子完全改掉，改掉它需要一个过程。在这个过程中，要有意识地纠正自己不符合礼仪规范的言行。在不是很急迫的时候，可以先想一下，在这种情况下礼仪规范要求我们应该怎样说、怎样做，然后再按照礼仪规范去说去做；在需要快速反应的时候，人们常常容易按照自己的旧习惯去做，但事后应及时反省自己，检讨自己哪些地方不对，下次应该怎样做。这样日积月累，一定能够逐步提高自己的礼仪修养，纠正不良行为习惯，使自己的言谈举止符合礼仪要求，这需要决心和毅力。只要有提高礼仪修养的决心和持之以恒的毅力，就一定会成为一个彬彬有礼、受社会和组织及他人欢迎的人。

➲ 实训项目

实训任务：礼仪的实际应用调查。

实训目标：调查大众群体对礼仪的掌握和应用程度，让礼仪融入生活，成为一种习惯。

实训内容：

1. 了解大众群体对礼仪的掌握程度。通过一定的调研方法，对调研结果进行分析、总结。

2. 观察礼仪在生活中的应用。对体现礼仪的行为进行拍照、录像，经过被调研者的允许，通过不同途径和方法进行宣传。

实训要求：

1. 小组团队完成，每人均有任务，建议每组3~4人。

2．选择至少 3 个区域进行调研，如校园、商场、机场、银行或酒店等。

3．结合搜集的图片、视频等素材，制作汇报 PPT，每组 10~15 分钟。

调查方法：

1．问卷调查法：针对调研目的，设计一系列问题。

2．访谈法：随机选择被调研者进行访谈，了解被访者的观点。

3．观察法：观察被调研者的行为、活动，获取直接数据。

4．案例研究法：针对典型案例进行深入分析和研究。

5．文献研究法：查阅和分析已有的文献资料。

考核评分表

考核项目	考核要求	分值	得分
分工	小组分工是否明确，每位同学的任务是否合理	20	
调查区域	调查区域数量是否足够，是否具有典型性	20	
素材收集	素材收集是否丰富，PPT 准备是否充分	20	
调查方法	调查方法选择是否合理	20	
小组互评	需参与小组互评，提供对其他组员表现的客观评价，包括优点和改进建议。每位学员需展示出良好的观察力和沟通能力，并以建设性的方式提供反馈，促进团队整体提升	20	

⤴ 模块小结

通过本章的学习，学生能够了解礼起源于原始社会的祭祀活动，随后从原始的图腾宗教意识发展成一整套的伦理道德观念，并打上阶级的烙印。能够区分礼仪、礼貌和礼节。掌握礼仪的原则：尊重他人、真心诚意、信用宽容、平等待人、自律自信和适度从俗。要学好、用好礼仪，就要注意内外双修、知行合一、灵活变通和反复渐进。

⤴ 问题与讨论

案例分析

1992 年 12 月，时任俄罗斯总统叶利钦对我国进行国事访问，这是叶利钦成为俄罗斯总统后的第一次访华，对两国关系具有重要影响。为使接待工作圆满完成，外交部礼宾司早早就做了周密的准备。

17 日，迎着灿烂的朝阳，叶利钦的专机稳稳地停在了北京首都国际机场。按照国际礼宾惯例，应由被访问国的礼宾司长登机欢迎，我国礼宾司长在俄驻华大使罗高寿的陪同下登上了飞机。为表示欢迎，他用熟练的俄语对叶利钦说："热烈欢迎总统阁下首次访华，今天天气晴朗，天气也在欢迎您。"叶利钦听后兴奋地说："这是我担任总统后首次访华。在踏上中国土地之后，你是我见到的第一个中国外交部官员，又用流利的俄语和我交谈，我感到很亲切，我十分高兴，这是访问圆满成功的预兆。"短短几句话，立即拉近了双方的距离，叶利钦也由刚才的握手改为热情的拥抱。

俄罗斯人喜欢喝酒，尤其喜爱烈性酒。可是按国际习惯做法，一般国宴只喝红、白葡萄酒。为了使叶利钦一行能喝得尽兴，在欢迎宴会上，遵照中央领导同志的指示，工作人员打破了宴会不用烈性酒的做法，为叶利钦准备了茅台酒。果然，叶利钦当晚情绪高涨，足足喝了半斤多，宴会的气氛十分热烈。

叶利钦这次访问取得了丰硕的成果，我国恰到好处的外交礼仪，给叶利钦留下了良好的第一印象，为访问的圆满成功起到了重要作用。

1. 结合以上案例说明礼仪对于外交的重要作用。
2. 结合身边正反两方面的事例，谈谈学习礼仪的意义。
3. 如果在某些情况下不宜照搬书上的礼仪规范去做，你该怎么办？

模块二　职场礼仪

➲ 学前导读

　　无论在生活中还是工作中，礼仪都能够发挥调节人际关系的作用。可以说，礼仪是人际关系和谐发展的调节器，人们在交往时如果能够遵守礼仪规范，有利于建立友好的合作关系，缓和及避免不必要的冲突和矛盾，有利于事业的发展。

　　了解、掌握并恰当地应用职场礼仪有助于维护和完善职业形象，使其在事业上如鱼得水。

　　职场礼仪是职业人处在职业环境时应当遵循的行为准则和礼仪规范。职场上具备礼仪规范，有助于职业形象的提升。因此，每一个职业人都需要具备良好的素质，懂得通过职场礼仪树立、塑造并维护自己的职业形象。

➲ 学习目标

知识目标

1. 了解职场礼仪，学会在职场中使用礼仪。
2. 掌握职场礼仪的重要性和技巧。
3. 通过学习和训练，弥补自己在职场礼仪上的不足，展示自己的仪容仪态美。
4. 学会待客礼仪，在日常生活中礼貌待人。

能力目标

1. 培养理论结合实际的能力，完善个人形象，规范言谈举止。
2. 培养善于思考、勇于创新的能力和品格，树立良好的个人形象，促进综合能力的提高。

素养目标

1. 真正理解他人，为和谐的职场社会增添正能量。
2. 树立正确的价值观念，培养良好的行为习惯。认真对待职场礼仪，遵从职业道德，真正从内心去理解礼仪，服从礼仪规范，以健康的心态和正确的思想去发挥工作价值。

单元一　仪容礼仪

庄子曰："各得其美。"每个人都有自己的审美追求。仪容礼仪指一个人的表现和行为，体现其素养和文明程度。仪容礼仪是一种文明行为，它不仅体现在容貌上，更体现在言谈举止上。拥有仪容礼仪，可以让我们与社会其他成员建立良好的关系，是获得尊重的重要方式之一，也是做人的基本要求。

一、仪容美的基本知识

在人际交往中，每个人的仪容都会引起交往对象的特别关注，并影响对方对自己的整体评价。心理学上讲的"首因效应"，即在 30 秒内产生的第一印象往往会形成牢固的心理定式，对后期一切信息产生指导效应。在个人的仪表问题之中，仪容是重点之中的重点。下面主要介绍仪容美的内涵及其基本要求。

（一）仪容美的内容

仪容美主要包括三个方面：仪容自然美、仪容修饰美及仪容内在美。

1. 仪容自然美

仪容自然美指仪容的自然条件，端庄大方、干净利落会给人以良好印象。

2. 仪容修饰美

仪容修饰美是仪容礼仪关注的重点，修饰仪容的基本原则为美观、整洁、卫生、得体。仪容的修饰美指依照规则、场合与个人条件，对仪容施以必要的修饰，扬长避短，塑造出美好的个人形象，这在人际交往中是非常必要的，这样做能够增加自己在人际交往中的自信，同时给人以美的观感。在人际交往的过程中，对自己做必要的修饰，是一项基本礼仪。

3. 仪容内在美

仪容内在美是仪容美的最高境界，指通过个人努力，不断提高个人的文化、艺术素养和思想、道德水准，培养出的高雅的气质。

真正意义上的仪容美，应当是上述三个方面的高度统一，忽略其中任何一个方面，都会使仪容美黯然失色。

（二）仪容美的基本要求

1. 讲究个人卫生，树立整齐利落的形象

个人卫生可以反映一个人的基本素质，体现社会的文明程度。个人卫生是良好的个人仪容的基本要求。个人卫生主要包括：面容清洁、口腔清洁、头发清洁、手部清洁、身体清洁及胡须清洁等。

在任何场合，我们都应注意保持个人卫生，做到勤洗头、勤洗澡、勤修指甲，男士要勤修面，切忌身体有异味、皮肤表层或指甲有污垢等。在口腔清洁方面，养成勤刷牙、勤漱口的好习惯。在工作前，不应食用葱、蒜、韭菜等有异味的食物，以免引起他人的不适；在服饰方面，注意勤洗勤换，塑造整齐利落的形象。

2. 注重培养个人修养，塑造仪容内在美

人的本质，也体现仪容美的本质。如果只有外表的华美而没有内在的涵养作为基础，会使人感到"金玉其外，败絮其中"。

二、妆容修饰的内容

人们常说"三分长相，七分打扮"，可见容貌修饰在仪容美中的重要作用，妆容修饰主要包括以下几个方面。

（一）修饰面部

仪容在很大程度指人的面部。修饰面部的首要工作是清洁，即勤洗脸，使之无汗渍、油渍等不洁之物。修饰面部主要包括如下几个方面：

1. 眼睛

（1）保持清洁 一定要保证眼部的洁净，主要指清除眼睛的分泌物，这是最基本的要求，同时也是最重要的方面。需时刻谨记于心，不可忽视。

（2）保持美观 日常生活中要注意预防眼部疾病，如沙眼、红眼等。如眼睛患有传染病，则应该避免出现在社交场合，免得让他人近之不宜，避之不恭。

（3）眼镜的佩戴 在室内最好不戴墨镜或有色眼镜。对于近视的人来说，在保证舒适的情况下，应佩戴与自己的脸型适合的眼镜，并保证眼镜的清洁。

（4）眉毛的修饰 如果个人拥有漂亮的眼睛，但是却没有与之相称的眉毛，这样会使眼睛黯然失色。如果自己的眉形不够美观，可以适当地修饰。对于眉毛较少、较短或较细的人，可以进行画眉；对于眉毛过长且杂乱的人，可以采用修眉、剪眉等方法，修出眉形。

2. 嘴部

（1）保持清洁且无异味 保持嘴的清洁至关重要，一方面要保持嘴部无异物、无油渍等；另一方面要保持牙齿的洁白与清洁，口腔无异味。提倡每天定时刷两次牙，并且经常使用漱口水来清理口腔，去除异味、异物。在重要应酬之前，切忌食用韭菜、大葱、大蒜等会让口腔发出刺鼻性气味的食物。

（2）嘴唇的修饰 在社交场合中，保持嘴唇的红润与光洁，是嘴唇修饰的基本要求，尤其对于女性而言。涂口红不仅可以帮助女性掩盖嘴唇的缺陷，而且可以增加其在社交中的自信，使其更有魅力。需要注意的是，口红颜色要根据肤色、嘴唇、服装而定，这样才能使女性看起来有气质。

（3）胡须的修饰　胡子应该刮干净或修整齐，一般不可留八字胡或其他怪形状的胡子，男士应养成每天修面剃须的好习惯。对于有些女性而言，如果嘴周围的汗毛过浓，也应注意修饰。

◆ **知识链接**

保持口气清新的小妙招

①使用口气清新剂。口气清新剂可以及时有效地去除口腔中食物代谢引起的臭味、因轻度鼻窦炎造成的异味和吸烟导致的口臭等，可以先喝几口清水，喷上口气清新剂后合上嘴数秒，便能令口腔保持数小时的清新。

②喝柠檬水。饮清水可令口腔保持湿润，在水中加上一片柠檬，能刺激唾液分泌，减少因鼻塞、口干或口腔内残余食物引起的口臭。

③口嚼茶叶。将一小撮茶叶放入口中，细细咀嚼一番，就有消除口臭的效果。茶叶具有消菌的作用，能消灭形成口臭的主要杂菌。虽然喝茶也对消除口臭有帮助，但咀嚼茶叶具有更好的效果。但是光嚼茶叶的话，茶叶渣会留在口中，因此建议，将茶叶与低糖的口香糖一同咀嚼，每天2~3次，不仅有助于口腔清洁，也可快速消除口臭。

④多吃蔬菜水果。蔬菜含有大量纤维，可帮助消化、防治便秘。蔬菜和水果中含有的维生素还可帮助牙龈恢复健康，防止牙龈流血，排除口腔中过多的黏膜分泌物及废物。

⑤正确地刷牙及清洁舌苔。饭后刷牙，清洁舌苔，也是预防口臭的好方法。在刷牙后，利用牙刷清洁舌头表面的舌苔，能预防口臭。此外，每天用一次牙线彻底清除藏在牙缝内的牙垢，也有利于口腔健康，预防口臭。

---

3. 头发

（1）保持头发的清洁，避免其产生异味　保持头发清洁，是头发修饰的基本要求。头发作为人体的一部分，常常会被头屑、风沙、汗液等污染，如果长时间不清洗，就会产生异味。如果发生此类情况，不仅破坏自身的形象，还容易引起他人的反感。所以，保持头发的清洁至关重要。

（2）发型的修饰　发型能反映出人的精神面貌。发型修饰具体应做到以下两点：

1）头发的长短适中，并且定期理发。尽管不同的发型可以体现人的个性，但都应做到发型得体，不留怪异发式。理发可以修剪多余的长发、碎发，使人看起来精明干练。对于男性，一般的要求是既不宜理成光头，也不宜将头发留得过长。

2）发型自然大方。发型的选择应综合考虑自身的脸型、肤色、身材、体型等因素，还应考虑个人的职业性质及自身角色，找到符合自身气质和职业的发型。

（二）修饰肢体

1. 不能留长指甲

应养成勤剪指甲的习惯，男生的指甲必须修剪合适，女生的指甲可以略长，但一定要保证指甲清洁。

2. 保证手的清洁

保证手的清洁非常重要，尤其在炎热的夏天。通常在以下几种情况下，应该清洁双手：吃饭前、打扫卫生或上洗手间后、手上沾有污垢等。

3. 清除手臂的汗毛

对于手臂上汗毛过浓或过长的人来说，在出席较正式的社交场合时，应采用适当的方法进行脱毛。

（三）妆容修饰禁忌

1. 当众化妆或补妆

当众化妆或补妆是非常失礼的，此项要求在礼仪上称为"修饰避人"。在许多国家，女士当众化妆或补妆，都非常不妥。

2. 借用他人的化妆品，评价他人化妆的优劣

化妆品直接接触皮肤，借用他人的化妆品，一方面容易传染疾病，另一方面会使对方反感，此种行为非常不妥。评价他人化妆的优劣，容易使对方难堪，进而产生厌恶情绪，是非常失礼的行为。

3. 妆容的选择不合时宜

妆容的选择应根据时间、地点、场合来定，在保证妆容完美的基础上，保证其"适用性"，例如，在一些庄重、严肃的场合，不应选择浓妆。

单元二　接待礼仪

良好的仪表有利于提高接待工作的效果，也可以反映出工作水平及办事效率。在举止上要自然随和，动作大方得体，显示出自信，这样才能够胜任自己的工作。

一、迎接礼仪

迎来送往，是社会来往招待活动中最基础的环节，是表达主人情义、体现礼貌素养的主

要方面。尤其是迎接，是给客人良好第一印象的最主要工作。

迎接客人要有周到的部署，应注意以下事项：

1）对前来拜访、洽谈业务、参加会议的外国、外地客人，应首先了解对方到达的车次、航班，部署与客人身份、职务相当的人员前去迎接。

若因某种原因，相应身份的主人不能前往，前去迎接的主人应向客人做出礼貌的提示。

2）主人到车站、机场去迎接客人，应提前达到，恭候客人的到来，绝不能迟到让客人久等。

客人看到有人赶来迎接，心里一定觉得非常愉快。若迎接来迟，会给客人心里留下不好的印象，事后无论怎样解释，都无法打消这种不守信用的印象。

3）接到客人后，应首先问候"一路辛劳了""欢迎您来到我们这个美丽的城市""欢迎您来到我们公司"等。

然后向对方做自我介绍，如果有名片，可给予对方。

注意送名片的礼仪：

①当你与长者、尊者交流名片时，双手递上，身体可微微前倾，说一句"请多关照"。你想得到对方名片时，可以用恳求的口气说："如果您方便的话，能否留张名片给我？"

②作为接名片的人，双手接过名片后，应细心地看一遍，千万不要看也不看就放入口袋，也不要顺手往桌上扔。

4）迎接客人应提前为客人准备好交通工具，不要等到客人到了才仓促准备交通工具，那样会因让客人久等而误事。

5）主人应提前为客人准备好住宿事宜，帮客人订好房间，同时向客人介绍住处的服务、设施，将活动的安排、日程部署交给客人，并把备好的地图或旅游图、名胜古迹等介绍资料送给客人。

6）将客人送到住地后，主人不要立即离去，应陪客人稍作停留，热忱交谈，但不宜久留，应让客人早些休息。分别时将下次接洽的时间、地点、方法等告知客人。

二、招待礼仪

招待客人要注意以下几点。

1）客人要找的负责人不在时，要明确告知对方负责人到何处去了，以及何时回来。请客人留下电话、地址，明确是由客人再次来单位，还是己方负责人去找对方。

2）客人到来时，己方负责人如果因为种种原因不能马上接待，要向客人阐明等候理由与时间，如果客人愿意等候，应当向客人提供饮料、杂志，如果可能，应时常为客人添加饮料。

3）招待人员带领客人到达目的地，应当有准确的引导方式和引导姿态。

①在走廊的引导方式。招待人员走在客人二三步之前，配合客人的步调，让客人走在内侧。

②在楼梯的引导方式。当引导客人上楼时，应让客人走在前面，招待人员走在后面，当下楼时，应由招待人员走在前面，客人在后面，应注意客人的安全。

③在电梯的引导方式。引导客人乘坐电梯时，招待人员先进入电梯，等客人进入后关闭电梯门，到达时，招待人员让客人先走出电梯。

④在客厅的引导方式。当客人走入客厅，招待人员请客人坐下，客人坐下后，行点头礼后离开。如果客人误坐下座，应请客人改坐上座（一般靠近门的一方为下座）。

三、接待的具体操作

（一）打招呼

当客人来到时，应马上放下手中的工作，起立向客人问候致意，并自我介绍。如果是约好的客人，可以这样说："早晨好，您是王总吧？我是李总的秘书张洋，李总正在等您。"如果是没有预约的客人或第一次来访的客人，可以这样说："您好！这里是总经理办公室，我是经理秘书张洋，对不起，请问您贵姓？您是哪个公司的？有什么事情吗？"。明确对方身份、来访目的后，应立即通报领导。

如果客人需要等候一段时间，秘书应简要说明原因，如："对不起，李总正在处理一件紧急事情，请您稍等一会儿。"然后安排好恰当的座位请客人坐下，并为其提供饮水及一些书报杂志等，以免冷落客人。

（二）招待座次

秘书引导或陪同客人去面见领导时，到达接待室后应将客人引至上座的位置。引导就座时，长沙发优于单人沙发，沙发椅优于普通椅子，较高的座椅优于较低的座椅，距离门远的为最佳座位。

1. 座次安排原则

按照接待礼仪的约定俗成之法，在排列主客之间的具体座次时，有如下四种办法：

（1）面门为上　主客双方采用"相对式"就座时，依照惯例，通常以面对房门的座位为上座，应让之于客人；以背对房门的座位为下座。

（2）以右为上　主客双方采用"并列式"就座时，以右侧为上，应请客人就座；以左侧为下，应归主人自己就座。若主客双方参与会见者不止一人，则双方的其他人员可分别按照各自的身份，由近而远就座。

（3）居中为上　如果客人较少，而主方人员较多，可以由主方人员以一定的方式围坐在客人的两侧或四周，请客人居于中央。

（4）以远为上　当主客双方并未面对房间的正门，而是居于房内左右两侧之中的一侧时，一般以距离房门较远的座位为上座，应请客人就座，而以距离房门较近的座位为下座。

2. 单桌宴席的席位安排

（1）主人席位的确定　第一主人（正主人）的席位一般面对宴会厅的入口处，面朝大门正中，以便环视整个宴席的进展情况。第二主人（副主人）位设于正主人位的对面，正副主人位置与桌中心呈一条直线相对。如果是两桌以上的宴会，其他各桌的第一主人，可以与主桌主人朝向相同，也可以面向主桌主人。

（2）宾客席位的安排　第一客人（主宾）位应设于主人位的右侧，第二客人（副主宾）位应设于副主人位的右侧，使主宾位置与副主宾位置相对；第三客人位置与第四客人位置分别在主人位与副主人位的左侧，也呈相对式，如主宾、副主宾均偕夫人出席时，此席位则分别为夫人席位；主宾与副主宾位的右侧分别为翻译席位，不过在许多国家，翻译是不上席的，以便工作；第三客人位与第四客人位的左侧分别为陪同席位。我国习惯男女分开坐，男主人右边坐男主宾，女主人右边坐主宾夫人，其他来宾按职务高低依次排列。

西餐宴会一般采用长桌。正规的宴请是男主人（第一主人）坐主位，遵照以右为尊的原则，其右侧为第一贵宾夫人，女主人坐在男主人的对面，右侧为第一贵宾，其余客人男女穿插坐。

排定座次后，应将桌次卡和席位卡放置在餐桌上。在国际交往中，安排席位遇到特殊情况也可以灵活处理，如主宾身份高于主人，为表示对宾客的尊敬，可把主宾安排在主人席位上，而主人则坐在主宾的席位上。主宾有夫人参加宴会，而主人的夫人未能出席时，可以请身份相当的女性坐在副主人位或把主人夫妇安排在主宾一侧。

3. 多桌宴席的桌次安排

首先要确定主桌，然后再确定主位。主桌位置的确定十分重要，要视餐厅结构、门的朝向、主体墙面（或背景墙面）等因素而定。

一般情况下，主桌设在面对大门、背靠主体墙面（指装有壁画或加以特殊装饰布置、较为醒目的墙面）的位置，但不是所有的主体墙面都是面对大门的，有的餐厅大门开在侧边，这时，主桌要以主体墙面为背景，放在背靠主体墙面的位置。

一般而言，圆桌离入口处最远的位置，或是大厅中央的桌次，属于上座。其次是主桌的左边，再次是右边，依序而下。而接近入口的座位是下座。国际上的习惯是，桌次高低由离主桌位置远近而定。近者为高，远者为低；平行者以右桌为高，左桌为低。

正式宴会一般会安排席位。大中型宴会往往只安排主桌席位，其他宾客则按照桌次就座。大型宴会可先将宾客席次打印在请帖上，使宾客心中有数，现场还可以安排礼宾员引领客人入座。

宴会的桌次安排有严格的礼仪规范。餐桌桌数在两桌以上时，应按次序排列。常见的中餐桌次安排见图2-1。

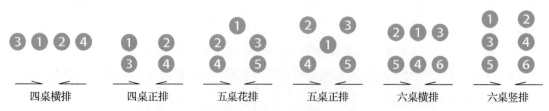

图2-1　常见的中餐座次安排

常见的西餐座次安排见图 2-2。

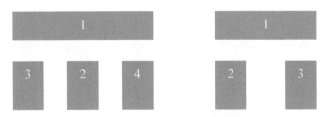

图 2-2 常见的西餐座次安排

（三）奉茶

待客时，应该为客人准备茶水、咖啡或饮料等。通常以茶待客的方式较多，因此，应掌握必要的敬茶礼仪。

1. 奉茶的方法

上茶应在主客未正式交谈前。正确的步骤是：双手端茶从客人的左后侧奉上。要将茶盘放在临近客人的茶几上，然后右手拿着茶杯的中部，左手托着杯底，杯耳应朝向客人，双手将茶递给客人，同时要说"您请用茶"，如图 2-3 所示。

2. 奉茶的顺序

上茶应讲究先后顺序，一般应为：先客后主；先女后男；先长后幼。

3. 奉茶的禁忌

尽量不要用一只手上茶，尤其不能用左手。切勿让手指碰到杯口。为客人倒的第一杯茶，不宜斟得过满，以杯深的 2/3 为宜。继而把握好续水的时机，以不妨碍宾客交谈为佳，不能等到茶水见底后再续水。

图 2-3 奉茶的方法

单元三 会议礼仪

在商务场合，我们经常参加大大小小的会议，正式的会议是特别讲究的。商务会议时间一般要持续好几小时，会议上商讨重要事情，做出重大决策，参会人员要高度集中精神，所以对参会人员的接待服务工作就显得非常重要。

一、会议概述

会议是人们为了解决某个共同的问题或出于不同的目的聚集在一起进行讨论、交流的活动，它往往伴随着一定规模的人员流动和消费。

通常，召开会议需要一定的时间、一定的地点，正式的会议还要冠以能反映会议内容、性质、人员、时间、地点等完整而确切的名称。

（一）会议的类别

按会议内容、性质，可分为代表大会、工作会议、学术会议、联席会议等；按会议的形式，可分为小组会、座谈会、报告会等；按与会人员的成分，可分为党委会、董事会、记者招待会等；按会议人数、规模，可分为大型会议、中型会议、小型会议；按会议召开的规律或日期，可分为定期例会、临时性会议。此外，还有按会议的范围、地区、时间分类的。

（二）会议的作用

无论什么会议，总要围绕中心议题进行讨论，希望弄清什么问题，或解决什么问题，或得出什么结果。总之，要达到预期的目标。例如，通过交流，取得了新的信息；经过讨论，集思广益，取长补短，形成了正确的意见；通过表决，多数或一致做出了决定或决议；通过听取别人的报告或发言，受到启发或教育等。

（三）会议的要素

一般来说，会议有六个要素，即：与会者、主持人、议题、名称、时间、地点。其中，与会者是会议最重要的要素。

与会者就是参加会议的正式成员，不包括在会场上的其他服务人员。人们被召集来开会，是要花费一定时间和精力的，而时间和精力在某种程度上就是效益，就是财富，不能浪费。因此，从原则上讲，参加会议的人应做到：该参加的一个不少，不该参加的一个不多。具体地说，与会者应具有必要性、重要性、合法性。

（1）必要性　这里指与会者必须是与会议直接有关的人员，也就是符合会议确定的范围，他们是有权了解会情、提出意见、表示态度、做出决定的人，或是能提供信息、深化讨论、直接有助于会议达到预期效果的人。

（2）重要性　这里指与会者虽然与会议没有必然的、直接的关系，却有利于会议的进展的人员，这些人员通常是临时邀请的。

（3）合法性　这里指有些重要的会议，与会者必须具有合法的身份和法定的资格。例如：人民代表大会的与会者必须是依法选举产生的各级人民代表；党的代表大会首先必须是党员，其次必须是各级党组织全体党员选举产生的代表；公司董事会或股东大会的与会者必须是按照公司组织法和公司章程正式确定的董事或股东等。

二、会议筹备

（一）会议计划和成本预算

开会需要动用人力、物力、财力，往往占用一些工作、生产时间。为了使开会与日常工作、生产互相结合、促进，而不是互相冲突、抵耗，会议必须有计划。开会也是一种投入与产出，虽然投入往往是有形的，产出往往是无形的，但总应以最少的投入争取最大的产出。因此，会议应该计算成本，做出预算。

1. 会议计划

会议计划首先应明确会议的目的和任务，确定会议的名称、出席对象、主持人、规模、规格、召开时间、需用时间、地点、议程等，即会议六要素的具体化。其次，会议计划应明确会议应做哪些准备工作，如需要用哪些文件，会场怎样布置，是否需要食宿、车辆，是否安排参观、文化娱乐等其他活动。最后，召开会议的工作人员和服务人员，必要时成立筹备组、临时秘书处或筹备委员会。会议计划由秘书制订、提出，经领导审核批准后再由秘书或秘书处组织人员，分头按计划执行。机关、单位内部的小型会议也应制订计划，使组织成员做到心中有数，早作安排。部门的会议至少应提前一星期报至办公室，由办公室统筹安排，制订出一周会议安排表，使各部门工作不致相互冲突，领导也可有选择、有计划地参加部门会议，有利于全局工作的顺利开展。

2. 会议成本预算

有明显投入的大中型会议，特别是跨地区的、会期超过一天的会议，必须计算成本，做出预算。会议成本包括两部分：

（1）显性成本 即会议明显的耗费，如会场租借费、文件材料费，还有与会者的交通费、食宿费、活动费及服务人员的工资等。这些费用是可以计算出来的，又是直接消费的。

（2）隐性成本 即与会者因参加会议而损失的劳动价值，一般为人们所忽视。这部分劳动价值以每小时工资的 3 倍再乘以 2 计算。它的含义是一个生产者的劳动价值至少是他工资的 3 倍，参加会议前必然要做些准备，会后又有用于思考、回忆的时间，因此还要乘以 2。所以，召开一个百人左右、跨地区的、会期为 3~5 天的中型会议，其会议总成本将达到几万元甚至几十万元。

（二）会议的筹备工作

1. 确定接待规格

会议规模由主持单位领导决定。一般来说，企业内部的一般性工作会议讲究效率，可以不拘形式。对于上级单位主持的会议，由于邀请各企业的代表参与，所以接待工作要求比较规范，通常由企业的一位主要领导直接负责会议预备工作，成立一个会务组来讨论会议接待的有关工作。

2. 发放会议通知

会议通知必须写明召集人的姓名或组织、单位名称，会议的时间、地点、主题，以及会议参与者、会务费、应带的材料、联系方式等内容。通知后面要附回执，这样可以确定受邀请的人是否参与会议，预备参与会议的人是否有其他要求等。会议通知一般在会议前30天之内发出，这样可以使对方有充分的时间把会议回执发回来。

3. 会场的选择

选择会场，要依据参与会议的人数和会议的内容来综合考虑，最好要达到以下标准：

第一，大小要适中。会场太大，人数太少，空下的座位太多，松松散散，给与会者一种不景气的感觉；会场太小，人数过多，挤在一起，不仅显得小气，而且也根本无法把会开好。

第二，地点要合理。召集的会议，一两小时就结束的，可以把会场定在与会人员较集中的地方。超过一天的会议，应尽量把地点定得离与会者住宅较近一些，免得与会者来回奔波。

第三，附属设施要齐全。会务人员要对会场的照明、通风、卫生、服务、电话、扩音、录音设备等进行检查，不能因为"上次会议是在这里开的，没出什么问题"，就草率地认为"这回也会同样顺当"。否则，可能会造成损失。

第四，要有停车场。轿车、摩托车都要有停放处，才能解决与会者的后顾之忧。

4. 会场的布置

会场的布置包括会场四周的装饰和座席的配置。一般大型的会议，依据会议内容，会在场内悬挂横幅，门口张贴欢迎和庆祝标语。可在会场内摆放适当的盆景、盆花；桌面上如果需摆放茶杯、饮料，应擦洗干净，摆放美观、统一。

座席的配置要符合会议的风格和气氛，讲究礼宾次序，主要有以下几种配置方法：

（1）圆桌式 使用圆形或椭圆形桌子，使与会者同领导一起围桌而坐，有利于相互交换看法。这种形式适于10~20人的会议。来宾的最高领导应坐在朝南或朝门的正中位置，企业最高领导与上级领导相对而坐，同级别的对角线相对而坐。

（2）口字形 使用长形方桌，这种形式比圆桌式更适合较多人数的会议，口字形座次安排如图2-4所示。

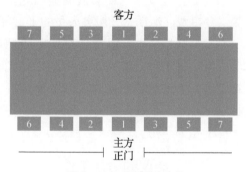

图2-4 口字形座次安排

（3）教室式 这是采纳得最多的一种形式，它适用于以传达状况、指示为目的的会议，与会者人数比较多，而且与会者之间不需要讨论、沟通看法。这种形式主席台与听众席相对而坐。主席台的座次按人员职务、社会地位排列。主席的座位以第一排正中间的席位为上，其余按左为上右为下的原则依次排列，教室式座次安排如图2-5所示。

图 2-5 教室式座次安排

三、参会注意事项

（1）准时到达会议现场 作为参会人员，应该提前规划好出行路线和时间，以确保能够准时到达会议现场。如果因为特殊原因无法准时到达，应该提前通知主持人或会议组织者。

（2）穿着得体 参会人员应该穿着得体，不要穿着过于随意或过于华丽的服装。男士应该穿着西装或衬衫，女士应该穿着合适的套装。

（3）保持手机静音 在会议中，手机的响铃声会影响其他人的注意力和思维，因此，参会人员应该将手机调至静音或振动模式。

（4）注意言辞和语气 在会议中，参会人员应该注意自己的言辞和语气，不要使用过于激烈的语言，以免引起不必要的争端和矛盾。

（5）尊重他人的意见 在会议中，参会人员应该尊重他人的意见和观点，不要轻易否定或批评他人的观点，应该以理性和客观的态度进行讨论和交流。

（6）注意听取主持人的指示 在会议中，主持人的指示和安排是非常重要的，参会人员应该认真听取主持人的指示和安排，遵循会议的议程和流程。

（7）不要打断他人发言 在会议中，参会人员应该尊重他人的发言权，不要轻易打断他人的发言，应该等待他人发言完毕再进行回应和讨论。

（8）注意控制时间 在会议中，时间是非常宝贵的资源，参会人员应该控制自己的发言时间和讨论时间，不要浪费时间或拖延会议进程。

（9）注意礼仪细节 在会议中，参会人员应该注意礼仪细节，例如，不要吃东西、不要抽烟、不要大声喧哗等。

（10）会议结束后要有礼貌地告别 在会议结束后，参会人员应该有礼貌地告别，不要匆匆离开或不辞而别，以免给他人留下不好的印象。

会议礼仪是一种重要的社交礼仪，它能够提高参会人员的素质和形象，促进会议的顺利进行。因此，参会人员应该认真遵守会议礼仪，做到言行得体、礼貌待人，以展现出自己的职业素养和社交能力。

⊃ 实训项目

实训任务 1：化妆及发型训练。

实训目标：掌握服务人员职业淡妆的基本操作步骤及方法。

实训准备：粉底、眼影、眼线笔、眉笔、腮红、睫毛膏、睫毛夹、口红、发圈、卡子等。

实训内容：同学以小组为单位，各小组选择两名同学，一名为模特，另一名为化妆师，在规定时间内完成淡妆的化妆，结束后全班进行评分。

考核评分表

考核项目	考核要求	分值	得分
基础底妆	①打底工具选用正确 ②上底妆时涂抹均匀	10 10	
眼部化妆	①涂眼影：会使用单色晕染或双色晕染 ②眼线：涂抹均匀，无残缺 ③合理使用睫毛夹、睫毛刷，涂抹不打结 ④眉笔：选用色彩合适的眉笔，眉形搭配合理	10 10 10 10	
涂腮红	腮红色彩选择恰当，晕染均匀	10	
画口红	色彩与腮红色系一致，轮廓饱满明亮	10	
整体效果	①发型标准、规范 ②妆面整体效果干净美观	20	

实训任务 2：接待礼仪训练。

实训目标：掌握接待礼仪的基本操作方法。

实训准备：桌椅、纸笔等。

实训内容：同学们以小组为单位，各小组选择 5 名同学，一名为主人，4 名为客人，在规定时间内完成接待工作，结束后全班进行评分。

接待礼仪训练

考核评分表

考核项目	考核要求	分值	得分
接待准备	①接待前准备工作得当 ②接待人员齐全	10 10	
接待过程	①注重仪容、仪表 ②接待工作安排得当 ③接待手势、动作等细节得体 ④接待设备齐全	10 10 10 10	
接待礼仪	服装得体，符合会议要求	10	
接待安排	人员、时间安排得当	10	
接待效果	①接待标准、规范 ②接待整体过程完整	20	

实训任务 3：会议礼仪训练。

实训目标：掌握会议礼仪的基本操作方法。

实训准备：桌椅、名牌、茶水、签到簿、名册、黑板、白板、笔等。

实训内容：同学们以小组为单位，各小组选择 6 名同学，3 名为主人，3 名为客人，在规定时间内完成会议接待工作，结束后全班进行评分。

考核评分表

考核项目	考核要求	分值	得分
会议准备	①会议前准备工作得当 ②会议道具齐全	10 10	
会议洽谈过程	①注重仪容、仪表 ②会议时间安排得当 ③会议上茶水、饮料、矿泉水等准备充足 ④会议录音设备齐全	10 10 10 10	
会议礼仪	服装得体，符合会议要求	10	
会议安排	人员、时间安排得当	10	
会议效果	①会议标准、规范 ②会议整体过程完整	20	

➲ 模块小结

职业礼仪的培养应该是内外兼修的。古语说得好："腹有诗书气自华。"内在修养的提炼是提高职业礼仪最根本的源泉。除此之外，大学生在今后的工作中也要注意自己的仪态美，要注重服饰美，强调语言美，提倡交际美，推崇行为美，培养讲究礼节、注重礼仪的习惯。在比较重要的公务交往中，更要遵守职场礼节规范。增强职场礼仪修养意识，是当代大学生的当务之急。

➲ 问题与讨论

1. 职场礼仪对大学生发展具备的重要作用有哪些？
2. 给客人引路时，要注意哪些礼仪细节？
3. 简述会议注意事项。

模块三　社交礼仪

➲ 学前导读

在五千年的历史长河中，中华民族创造了灿烂的文化，被世人称为"文明古国，礼仪之邦"，中国人也以彬彬有礼的风貌而著称于世。礼仪文明作为中国传统文化的一个重要组成部分，对中国社会历史发展有着广泛而深远的影响，其内容十分丰富，涉及范围十分广泛，几乎渗透于社会的各个方面。其中社交礼仪是必不可少的，也是社会交往中使用频率较高的一项日常礼节。

社交礼仪指人们在人际交往、社会交往和国际交往活动中所具备的基本素质和交际能力，用于表示尊重、亲善和友好的首选行为规范和惯用形式。

通过本模块内容的学习，掌握通用的会见与会谈礼仪、宴请礼仪、座次礼仪等，成为一个知礼、行礼的现代青年，并能在日常生活、学习、人际交往、工作及未来的商务、公务活动中自然地运用礼仪，塑造内外兼修的良好形象，提升气质，为自己的职业发展、人际交往和幸福生活打下基础。

➲ 学习目标

知识目标

1．掌握会谈的基本流程。
2．掌握会谈过程中应遵守的礼仪，包括称呼、介绍、握手和会谈礼仪等。
3．掌握设宴的礼仪要求。
4．掌握赴宴的礼仪规范。
5．掌握不同场合下的座次礼仪。

能力目标

1．能够熟练运用所学内容，完成握手礼、名片交换和商务会谈的接待。
2．能够在不同场景下选择合适的交谈主题。
3．能够利用座次礼仪进行宴请座次安排。

素养目标

1. 通过了解中国古代礼仪的博大精深及对世界文明的贡献，坚定文化自信，提升爱国意识。

2. 通过学习社交礼仪的知识和技能，提升自身礼仪修养，重视人际关系，培养社会公德心，积极践行社会主义核心价值观。

3. 明确礼仪在社交中的作用和价值，尊重社交对象，与人为善，做社会精神文明的引领者。

单元一 会见与会谈礼仪

会见与会谈是职业交际活动中的重要内容。会见与会谈指在正式访问、谈判或礼节性拜访甚至观光时，宾主双方通常安排的、用以加强沟通与了解、促进双方的友谊、增进相互间合作与交流的活动。

一、会见礼仪

会见礼仪指主客见面之际需遵守的礼仪，包含称呼、握手、介绍等礼仪。

（一）会见的安排工作

会见前要做的安排工作包括对人员、时间、地点的商定，对会见的主题、内容、流程的准备，并制订好会见计划和目标。

1. 会见的人员

参加会见的人员，也应事先商定。在一般情况下，各方参加人员的名单、职务等，由各方自定后，只要通知对方并取得大体平衡，就不会产生什么问题。但在特殊情况下，有时也有突发情况，要提前想好应对方案。

2. 会见的时间

会见的时间，一般均经双方事先约定，"不速之客"通常是没有的。如果你想见对方公司某个人，应先打电话预约。

会见的时间距离客人抵达的时间不宜过短和过长。远道而来的客人经过长途旅行一般都比较疲劳，如果抵达后立即参加会见，会因精力不足而影响会见的效果；相反，如果抵达后很长时间都未与主方会见，客人会感到不被重视。

需要注意的是，会见的时间确定后应提前通知客人，使客人有充足的时间去做相应的准备，在正式会见时，应提前 20~30 分钟派人到客人住所迎接，并陪同前往会见地点，主方会见人员应提前到达会见地点以迎候客人。

如果一次会见谈不完，有继续谈的必要，则应提前做出相应的安排。

3. 会见的地点

关于会见的地点，也应由双方协商一致。

会见的地点应选定在主方公司内部，要选择适当的正式场所，普通办公室通常不被视为会见的适宜场所。会见场所的环境需要提前布置，空间要宽敞，灯光要明亮，室温要合适，室内色彩要明快，力求营造出一种整洁、舒适的会见气氛。

4. 会见的主题和内容

第一次会见，最好由本单位领导人亲自主持。首次会谈的内容多半为一般性的寒暄，如介绍本单位情况或谈一谈来到访问地后的印象等。主人可以在会见时通知客人日程安排，并征询他们的意见。在会谈中可以讨论其他问题，不过应当注意，第一次会见的时间通常很短，一般为 30 分钟左右。

总之，会见的主题和内容应以营造友好气氛、推进双方关系、建立或加强合作为主要目标。

5. 会见的流程

（1）会见的组织工作

1）提出会见要求，应将要求会见人的姓名、职务与会见什么人、会见目的及本方参加会见的人员情况一并告知对方。接见方应尽早予以回复，安排好时间，如果临时有事不能接见，应婉言解释。

2）接见方应主动将会见的时间、地点、主方出席人员、顺序安排及有关事项通知对方。会见方则应主动向对方了解上述情况，并通知有关出席人员。

3）准确掌握会见的时间、地点和双方参加人员的名单，及早通知有关人员和有关单位做好必要的安排。

4）及早安排布置会见的厅室、座位、音响等。

（2）迎接客人　客人到达前，主人应提前到达会见场所。客人到达时，主人应在大楼门口迎候，若主人不能在大楼门口迎候，应安排工作人员在大楼门口接引。主人在会谈地点的门口迎候，其衣着要和自己的职务、身份相匹配。

（3）会见期间的礼仪内容　会见的礼仪内容包括：双方简短的致辞、互赠礼品。礼品不宜昂贵，能表达敬意，适合作为友谊的纪念品即可。互赠礼品后，通常安排合影，随后就座。如需合影，要事先安排好合影背景，布置好场地，备好照相设备。合影时主人和主宾居中，并以主人右侧为上，按礼宾次序，主、宾双方间隔排列，第一排既要考虑人员身份，又要考虑场地是否适合照相，一般两端均由主方人员把边。合影也可放在会见结束后。会见时招待客人的饮料，各国不一。我国一般备茶水，夏天加冷饮，如果会见时间过长，可适当加上咖啡和点心。

（4）会见涉及的人员　领导人之间的会见，除陪见人和必要的翻译员、记录员外，其他工作人员安排就绪后均应退出。如果允许记者采访，也只是在正式谈话开始前采访几分钟，谈话过程中，无关人员不要随意进出。

（5）握别　会见结束，热情话别并把客人送至车前或门口握别，目送客人离去后再返回室内。

（二）会见时的礼仪

1. 打招呼

人与人第一次交往中给人留下的印象，会在对方的头脑中占据主导地位，这种效应叫作第一印象效应。打招呼就发生在第一次见面时所以打招呼在人际交往中尤为重要。

向别人打招呼的时候，应该注视对方的眼睛，面带微笑（图3-1），声音饱满，音量适度，手势自然。

见面时的点头、微笑、握手等都是打招呼的不同形式。打招呼通常与问候语一起使用。

图3-1　微笑

（1）问候语的使用

1）直接式。所谓直接式问候，就是直接以问好作为问候的主要内容。它适用于正式的交往场合，特别是初次接触的陌生商务及社交场合，如："您好""大家好""早上好"等。

2）间接式。所谓间接式问候，就是某些约定俗成的问候语，或者在当时条件下可以发起的话题，主要适用于非正式、熟人之间的交往。例如，"最近过得怎样？""忙什么呢？""您去哪里了？"等，来替代直接式问好。

（2）问候时的称呼　在社会交往中，称呼对方的方式直接反映出双方之间的亲疏、了解程度、尊重与否，同时也体现了个人修养等。得体的称呼，会令彼此如沐春风，为随后的会谈开一个好头。相反，一个不符合礼仪的称呼会令对方心里不悦，让随后的会谈蒙上一层阴影，甚至影响双方的关系。

常用的称呼如下：

1）职务性称呼。一般在较为正式的官方活动、政府活动、公司活动、学术性活动中使用，以示身份，而且称呼要就高不就低。这种称呼，具体来说分3种情况：

①只称职务。例如，董事长、总经理等。

②职务前加姓氏。例如，王总经理、张主任、刘校长等。

③职务前加上姓名，适合于极为正式的场合，例如，×××市长等。

称谓礼仪

2）职称性称呼。对于有专业技术职称的人，可用职称相称。

①仅称职称。例如，教授、律师、工程师等。

②在职称前加姓氏。例如，龙主编、常律师、叶工程师等。

③在职称前加姓名，适合于正式的场合。例如，杨××教授、谢××研究员等。

3）学历性称呼。这种称呼，增加被称呼者的权威性，同时有助于增加现场的学术气氛。有 4 种情况：

①仅称学衔。例如，博士等。

②加姓氏。例如，刘博士。

③加姓名。例如，刘 × × 博士。

④将学衔具体化，说明其所属学科，并在后面加上姓名。例如，法学博士刘选。

4）行业性称呼。在工作中，按行业称呼，可以直接以职业作为称呼，例如，老师、教练、会计、医生等。在一般情况下，此类称呼前均可加上姓氏或姓名，例如，刘老师、于教练、王会计等。

5）泛尊称。就是对社会各界人士在一般较为广泛的社交中，都可以使用的。例如，先生、女士、夫人、太太等。

6）姓名性称呼。在职场中直接称呼姓名，一般适用于同事、同学和熟人之间。这种称呼具体也分为 3 种情况：

①直呼姓名，例如：李晓鹏、张春丽等。

②只呼其姓，不称其名，通常习惯在姓氏之前加上"老""小""大"等前缀，例如，老薛、小冯、大张等。

③只称其名，不称其姓，一般在亲友、同学、邻里间使用，尤其适用于上级称呼下级、长辈称呼晚辈，例如，丽娜、建国等。

7）亲属性称呼。亲属，即与本人直接或间接拥有血缘关系者。在日常生活中，对亲属的称呼已约定俗成。面对外人，对亲属可根据不同情况采取谦称或敬称。

首先，对本人的亲属应采用谦称。称辈分或年龄高于自己的亲属，可以在其称呼前加"家"字，例如，"家父""家叔"等。称辈分或年龄低于自己的亲属，可在其称呼前加"舍"字，例如，"舍弟""舍侄"等。称自己的子女，则可在其称呼前加"小"，例如，"小儿""小女"等。

其次，对他人的亲属，应采用敬称，对其长辈，宜在称呼前加"尊"字，例如，"尊母""尊兄"。对其平辈或晚辈，应在称呼之前加"贤"，例如，"贤妹""贤侄"等。若在其亲属的称呼前加"令"，一般可不分辈分与长幼，例如，"令堂""令爱""令郎"。

8）性别性称呼。对于商界或服务性行业人士，通常按性别的不同分别称呼"女士""先生"等。

2. 介绍

人际沟通始于介绍。介绍是人际交往的桥梁，也是人们有效交往中的第一个"见面礼"。可以说精通介绍礼仪，能给别人留下良好的第一印象，介绍礼仪分自我介绍、介绍他人、集体介绍 3 种情况。

（1）自我介绍

1）基本原则：自我介绍要注意把握分寸，选择合适的时机，介绍时间力求简短，重点突出，辅助名片效果更好。同时态度要自然诚恳，自我介绍的内容务必真实，不过分谦虚也不要自吹自擂。

2）介绍顺序：位低者先介绍自己。

3）自我介绍有5种方式：

①应酬式：您好，我是×××。

②工作式：您好！我叫××，在××公司从事客户服务管理工作。

③交流式：我叫××，现在是外交学院的一名老师，和您先生是同事。

④礼仪式：各位领导各位来宾，大家好！我叫李陈，是××公司客户服务部门主管。现在请允许我代表公司感谢各位的到来！

⑤问答式：您好，我是××，请问怎么称呼您？

（2）他人介绍

1）介绍顺序：尊者优先了解情况。

2）他人介绍有5种方式：

①标准式：适用于正式场合，内容为双方姓名单位职务等。例如，"我来为二位介绍一下，这位是××公司的李主任，这位是××公司的王主任。"

②简介式：适用于一般社交场合，可以起到化解尴尬的作用，内容就是双方姓名。例如，"我来介绍一下，这位是李总，这位是陈经理。"

③强调式：适用于重点介绍被介绍者一方，引起另一方的重视，除了姓名单位职务外，要有某一方面的重点介绍。例如，"杨总您好！这位是华西公司的业务经理王杨，她负责本次与贵公司的相关业务对接。"

④推荐式：适用于正规场合，为了有目的地推荐某人而有意为之。例如，"这位是王颜平教授，这位是著名导演林鸿女士。王教授不仅是播音界的泰斗，培养了很多著名主持人，还是一位演员，获得过金鹰奖。相信在林导马上开机的这部戏中，一定有两位合作的机会。"

⑤礼仪式：适用于正式场合，内容与标准式一致，但用词更加谦虚。例如，"王颜平教授您好！请允许我介绍××公司董事长陈先生。陈董，这位就是著名的播音主持专家王颜平先生。"

（3）集体介绍

1）基本原则：集体介绍通常被介绍双方不止一人。

2）介绍顺序：介绍的顺序按照少数服从多数、单向介绍和多方介绍3种不同情况。

3）集体介绍有3种方式：

第一种如下。

①少数服从多数，双方地位身份大致对等，先介绍人数少的一方。

②双方人数差不多，按照主宾的身份不同，先介绍位低的一方。

③人数少的一方地位高，先介绍人多的一方。

第二种：单向介绍。特殊场合，如会议、报告、演出等，只需将主角介绍给大家。

第三种：多方介绍（介绍方不止两方）。

①按照负责人身份排序。

②以单位规模排序。

③以单位名称首字母排序。

④以距离介绍者远近排序。

3. 握手

握手是一种短暂的礼节，两个人握住对方的右手，通常伴有两手的简短摇动（图 3-2）。通常在会议开始、结束离开、祝贺或达成一致时握手。握手的目的是表达信任、协调及平等。英国的男性比女性更有可能会握手，但是在商业场合，不论男女，握手都是标准的礼节。

图 3-2 握手

（1）握手的正确方法　握手时，两人相距约一步，上身稍向前倾，伸出右手，四指并拢，拇指张开，双方的手掌与地面垂直，相握 3 秒左右。男士之间握手，可适当用力，以示热情。男女之间握手的力度不宜过大。握手时应注视对方，微笑致意或进行简单的问候、寒暄。

（2）握手的顺序　握手的顺序主要取决于"尊者优先"的原则。在正式场合下，握手时伸手的先后次序主要取决于职位、身份。在一般场合，则主要取决于年龄、性别、婚否。

1）职位高的人与职位低的人握手，应由职位高的人先伸手为礼。

2）女士与男士握手，应由女士先伸手为礼。

3）长辈与晚辈握手，应由长辈先伸手为礼。

4）已婚者与未婚者握手，应由已婚者先伸手为礼。

5）老师与学生握手，应由老师先伸手为礼。

6）社交场合的先到者与后到者握手，应由先到者先伸手为礼。

7）主人待客时应先伸手，与来访客人握手；客人告辞时，应由客人先伸手为礼。

（3）正式场合下握手应注意的细节

1）忌用左手与他人握手。

2）忌用"三明治"式握手（即双手握单手）。尤其忌用双手与异性握手。

3）忌交叉握手。握手应当按照顺序依次而行，尤其注意不要两人握手时与另外两人相握的手形成交叉状。

4）忌戴手套握手。需要注意的是，在社交场合，女士戴与礼服相配套的薄纱手套与人握手是允许的。

5）忌与人握手时另一只手插在口袋里。

6）忌与人握手时面无表情，一言不发，眼神飘忽不定，无视对方的存在。

7）忌与人握手时戴着墨镜。患有眼疾或眼部有缺陷者除外。

8）忌将对方的手拉过来、推过去，或者上下左右抖个不停。

9）忌紧握住对方的指尖。

10）忌用不洁或患有传染性疾病的手与他人相握。

11）忌握手完毕立即擦拭双手。

12）忌拒绝与别人握手。

（4）面对"错误"握手情况的处理方式

1）双手握手。虽然在某些情况下双手握手是合适的，但如果用在刚刚认识的人身上，就会显得过于私人或亲密。

2）握手力度过大。握手的力度不超过握门把手的力度。如果你在握手时陷入了"碎骨式"握手的尴尬，你可以这样说："哇，你的手很有劲啊！"在大多数情况下，对方会意识到自己用力过猛。

3）冰冷、潮湿或手心出汗。如果你在自我介绍时感到紧张，那么在社交场合，你的手可能会变得冰冷、潮湿或出汗。可以采取一些应急措施来缓解，例如，在口袋里放一张纸巾，如果有机会把手放进口袋，就赶紧擦一擦手汗；如果你的手比较冷，可以在口袋里放一个热敷袋或在洗手间里用热风烘干机让手暖和起来。

二、会谈中的礼仪

在经过欢迎、会见的接触后，双方建立了一定的关系，即将进入会谈阶段。在这个阶段，礼仪同样起着至关重要的作用。会谈中的礼仪主要体现于会谈语言礼仪和举止礼仪两个方面。

1. 会谈语言礼仪

语言是双方信息沟通的桥梁，是双方思想感情交流的渠道，语言交流在人际交往中占据很重要的位置。

（1）礼貌用语　人际交往中，恰如其分地使用礼貌用语，可以表现出友好、亲切、平易近人。使用礼貌用语不仅反映了一个人的思想道德素质，而且表现了一个人的语言修养。

会谈中要使用礼貌语言，例如，你好、请、谢谢、对不起、打搅了、再见……好吗等。在我国相见时习惯说，"你吃饭了吗？""你到哪里去？"等，有些国家不用这些话，甚至习惯上认为这样说不礼貌。在西方，一般见面时先说"早安""晚安""你好""身体好吗？""最近如何？""一切都顺利吗？""好久不见了，你好吗？""夫人（丈夫）好吗？""孩子们都好吗？""最近休假去了吗？"分别时常说："很高兴与你相识，希望再有见面的机会。""再见，祝你周末愉快！""晚安，请向朋友们致意。""请代问全家好！"等。

多使用雅语，可以体现一个人文明程度的高低，素质的优劣。社交场合中的雅语，例如，把吃饭称"用餐"，喝茶称"品茶"；上厕所为"净手""方便""去卫生间"。假如你先于别人结束用餐，你应该向其他人打招呼说"请大家慢用"。雅语有时表现在对某种职业的雅化上，如把捡破烂称为"抬荒者"，把环卫工人称为"城市美容师"，把保姆称为"家政服务员"等。

会谈需要营造一个和气文雅、谦逊有礼的环境，所以应杜绝使用脏话、粗话，在任何社交场合下，我们都应该形成良好的用语习惯，养成健康的言谈习惯。

（2）会谈主题　会谈主题，即会谈的主要内容。一般情况下，会谈主题宜少不宜多，这样既有助于双方就某些问题进行深入探讨，又有助于激发双方的热情，增进了解。主题过多，容易使交谈双方无所适从。在交谈中，应选择双方均感兴趣的话题，可以消除陌生感、疏离感，轻松自如地交谈，犹如相识已久。有些办法可以帮助寻找共同点，如细心观察对方的表情、服饰、举止等，由此判断对方的文化素养、身份、地位，从而决定交谈主题的大致范围；以话试话，寻找共同点，包括询问对方籍贯、身份、口音、言辞等，如果有某些地方相似，可以以相似点为契机深入交谈，有效地启发交谈的愿望；从别人的介绍中寻找对方的兴趣点，并且深入下去。因为对方的兴奋点可以引发其表达欲和兴趣感、亲近感，为顺畅的交谈打下基础。在社交场合中，如下几种主题是忌讳的：

1）涉及个人隐私的主题。个人隐私包括年龄、收入、婚恋、家庭、经济情况等。这些主题不应该在社交场合提及。

2）捉弄对方的主题。在交谈中，应以尊重对方为基础，不可把自己的快乐建立在别人的痛苦之上，如果在交谈中捉弄对方，冷嘲热讽，恶语伤人，乱开玩笑，故意让对方出丑，这是极其失礼的行为，这样做不仅损害自己的个人形象，同时破坏双方关系。

3）议论别人的主题。在会谈中，会谈双方对其他人的行为评头论足，是非常失礼的，是社交场合中非常忌讳的行为。

（3）语速和语调

1）语速。与人交谈时，语速应保持相对稳定，既快慢适宜、舒张有度，又在一定时间内保持匀速。这样，不仅可以使自己的语言清晰易懂，而且还可以显示出自己胸有成竹、有条有理。语速过快、过慢，或者忽快忽慢，会给人一种没有条理、慌慌张张的感觉。

2）语调。要注意遣词用句、语气语调，语音、语调平稳柔和，以柔言谈吐为宜。

2. 会谈举止礼仪

举止礼仪，通常指人们在相互交往过程中表示尊重、亲善和友好的行为规范。这些行为准则在人们的生活中占有极其重要的地位，涵盖了从日常生活到社交场合的各个方面。

1）谈话时，应当表情认真，目光直视对方。如果要表示自己对对方观点的支持、赞同或理解，则可以点头微笑。

2）在与对方谈话时，不应左顾右盼或是双手抱在脑后，因为这些动作往往给人心不在焉或目空一切的感觉。交谈时的神态见图 3-3。

图 3-3　交谈时的神态

3）尊重对方，不随意打断。不要只想自己说，要善于聆听，给他人表达的时间。如有不同意见需要补充说明，也要等到他人表达完毕再进行，中途不要随意插话，这是礼貌，也是尊重对方的表现。

◆ **拓展阅读**

　　小李向一位顾客推销汽车，交易过程十分顺利。当客户决定购买，准备签订购车合同的时候，另一位推销员跟小李谈起昨天的足球赛，小李一边说笑，一边引领客人前往办公室签订合同，不料途中客户却突然掉头而去，连车也不买了。后来才明白，客户正得意扬扬地和小李谈起自己的儿子考上了大学，而小李却在和同伴谈球赛。

想一想

小李为何会交易失败？

单元二　宴请礼仪

　　宴请是待客的一种重要礼仪。大至国宴，小至私人宴请，生活中每个人都有当主人和做客的经历。我国有着数千年的饮食文化传统，自古就有"美食待嘉宾"的习俗，待客如果不摆满一桌子菜，主人总是觉得过意不去。

一、宴请的形式及类别

1. 国宴

　　国宴是国家元首或政府首脑为国家庆典活动（如国庆节），或者为欢迎外国元首或政府首脑来访而举办的正式宴会。这种宴会规格很高，也最为隆重。国宴的主要标志是由邀请国和访问国的国家元首或政府首脑出席，宴会厅内挂两国（双方）国旗，设乐队，演奏国歌，席间致辞，菜单和座席上均印有国徽。

2. 中餐宴会

　　中餐宴会指用中国餐具、食中国饭菜的宴会。中餐用筷子，饮中国饮料。上菜一般为单吃和分菜。不过，现在接待外宾的中餐宴会除菜肴以中国的为主外，为了方便和照顾外宾的生活习惯，在用餐形式上趋于单吃化。

3. 西餐宴会

　　西餐宴会指用西式餐具、吃西方国家的菜肴，饮西方国家的酒水、饮料。其特点是：①餐桌一般用长台（有时也用圆形台或方台）；②用餐通常采取分食制（切分或每人一份单吃）；③吃一道菜，用一套餐具，饮什么酒则用什么酒杯；④以食用西餐风味的菜肴为主；

⑤席间配有小乐队或钢琴伴奏。

4. 正式宴会

通常是政府和人民团体有关部门为欢迎应邀来访的宾客，即招待和答谢身份比较高的来宾所安排的宴会，规格低于国宴，除不奏国歌，不挂国旗及出席规格低外，其他服务菜肴、酒水，大致与国宴相同，备白酒、红酒、啤酒和若干饮料。

5. 便宴

便宴，即非正式宴会，不拘严格的礼仪，随便、亲切，多用于招待熟识的宾朋好友。规格一般较小，席间随意交谈，不作正式致辞或祝酒。菜肴的道数和饮料的品种也不作具体的规定。

6. 自助餐会

以西式为主，这种宴请形式的特点是不排席位，菜肴以冷食为主，也可冷、热兼备，餐具、酒水、饮料陈放在桌上，供来宾自取。冷餐会可设小桌、椅子，自由入座，也可不设座椅，站立进餐，来宾可自由活动多次取食。冷餐会的地点可在室内也可以在室外花园。这种形式适合招待人数众多的宾客。

7. 酒会

酒会又称鸡尾酒会，较为活泼，便于广泛交谈接触。鸡尾酒是用多种酒配成的混合饮料。酒会上不一定都用鸡尾酒，通常以多种酒品、饮料为主，不用或少用烈性酒，略备小吃。服务员用托盘托着酒水和菜点在席间巡回敬送。酒会举行的时间较为灵活，中午、下午、晚上均可。请柬一般均注明酒会起始时间，来宾可在其间任何时间到达和退席，来去自由，不受约束。

8. 茶话会

这是一种更为简单方便的招待形式。席间只摆茶点、水果和风味小吃，也可安排一些短小的文艺节目助兴，场地大小不限，时间长短不拘，气氛轻松活泼。

9. 工作餐

工作餐是出现在会议或工作之中以套餐的形式所提供的便餐，属非正式宴请。按用餐时间可分为工作早、中、晚餐。

二、宴请及赴宴礼仪

宴请和赴宴，是我们礼尚往来的一种交往形式。在现代社会，随着商业和市场经济的繁荣，私人交往和公务交往都很普遍和频繁，而宴请又是其中一个极重要的形式。

（一）宴请的筹备

能否成功地举办宴会，达到预期的目的，很重要的一个因素就是宴会前的各种准备是否充分，各方面的礼仪是否周全，所以宴会前准备的礼仪工作是很重要的，具体要求做好以下几个方面的工作：

1. 列出宾客名单

任何宴会都要达到一定的目。宴会之前要按照宴会的目的列出被邀请人员的名单，并且确定谁是主宾，谁是次主宾，谁是陪客等。

2. 宴请时间

宴请时间应以主宾最合适的时间来确定，以多数宾客能来参加宴会为准则。宴会场所的选定，要考虑生活习惯、民族差异及宗教信仰等方面的因素。

3. 宴会的菜谱

宴会的菜谱要做到丰俭搭配、主次分明。即一桌菜要有主菜，以显示菜的规格；要有普通菜，以调剂客人的口味；要有特色菜，以显示菜的风格。应特别照顾主宾的饮食习惯。同时，酒水、水果要备齐。

4. 邀请

宴会一般都要用请柬正式发出邀请。这样做一方面出于礼节，另一方面也是给客人备忘。

请柬内容应包括：活动的主题、形式、时间、地点、主人姓名。请柬要书写清晰美观，打印要精美。请柬一般应提前两周发出，太晚了则不礼貌。图3-4所示为邀请函示例。

5. 宴会中的座位安排

正式宴会一般要事先安排座次，一示隆重，二免混乱，三可更好地达到宴请的目的。按共同的惯例和习惯，桌次高低以离主桌远近而定，右高左低。桌数较多时，要摆桌次牌，多桌宴请时，宴请桌排列一般以最前面或居中的桌子为主桌。

图3-4　邀请函示例

座次的高低，考虑以下几点：

1）以主人的座位为中心，如果女主人参加，则以主人和女主人为基准，近高远低，右上左下，依次排列。

2）把主宾安排在最尊贵的位置，即主人的右边位置，主宾夫人安排在女主人右边位置。

3）主人方面的陪客尽可能与客人相互交叉，便于交谈交流，要避免自己人坐在一起，冷落客人。

4）翻译员安排在主宾右侧。

6. 拟订菜单和用酒

拟订菜单和用酒时要考虑以下几点：

1）规格身份、宴会范围。

2）精致可口、赏心悦目、特色突出。

3）尊重客人饮食习惯、禁忌。

4）注意冷热、甜咸搭配。

（二）宴会中主人的礼仪

1. 迎宾

宴会开始前，主人应站在大厅门口迎接客人。对规格高的贵宾，还应组织相关负责人到门口列队欢迎，通称迎宾线。客人来到后，主人应主动上前握手问好。

2. 引导入席

主人请客人走在自己右侧上手位置，向休息厅或直接向宴会厅走去。休息厅内服务人员帮助来宾脱下外套、接过帽子，在客人坐下后送上饮料。

主人陪客人进入宴会厅主桌，接待人员引导其他客人入席后，宴会即可开始。

3. 致辞、祝酒

正式宴会一般都有致辞和祝酒环节，但时间不尽相同。我国习惯是在开宴之前致辞、祝酒，客人致答词。在致辞时，全场人员要停止一切活动，聆听讲话，并响应致辞人的祝酒，同桌人员互相碰杯，代表宴会正式开始。

4. 服务顺序

服务人员服务，要从女主宾开始，没有女主宾的从男主宾开始，接着是女主人或男主人，由此按顺时针方向进行。规格高的，由两名服务员服务。

5. 斟酒

斟酒在客人右侧，上菜在客人左侧。斟酒只需至酒杯容量 2/3 即可。

6. 席间交谈

作为宴会的主办方，应力求宴会进行得气氛融洽，活泼有趣。席间主人应选择适宜的话题与宾客进行交谈。交谈主题可以很宽泛，大众性、趣味性或愉悦性的话题为宜。宴会中不应对具体的、实质性的问题进行过于深入的探讨。"多叙友情，少谈工作"，切不可把餐桌变成谈判桌，以免陷入僵局，使双方不快。还要注意主宾用餐时的喜好，掌握用餐的速度。

7. 宴会时长

通常来说，宴会应控制在 90 分钟左右，最长不超过 2 小时。仓促结束，会使宾客感到不尽兴，甚至对主人的诚意表示怀疑；时间过长，则宾主双方都感到过于疲倦，反而冲淡宴会的气氛。因此，当宴请程序基本完成时，主方应找到合适的时机，提议结束宴会。一般在吃完水果后，宴会即可结束。

8. 送别

宴会结束时，主办方应先将主宾送至门口，热情握手告别。主宾离去后，原迎宾人员应按顺序排列，与其他宾客礼貌握手告别。

（三）赴宴的礼仪

作为被邀请的客人，在宴会期间也有诸多应该注意的礼仪。因为一次宴会进行得好坏，不仅取决于主人是否热情好客，真诚待友，同时取决于客人是否以诚相见，彬彬有礼。因此，在赴宴的时候，也应该时刻注意自己的举止和言谈，掌握作为客人应注意的礼仪。

1. 宴前准备礼仪

接到赴宴的邀请，应首先搞清宴会的时间、地点、事由，以及参加人员。一般情况下都应接受邀请，这是一种礼貌，如果确实无法参加，应及时与主人联系，说明原因，婉言道歉。根据主人的邀请，一般不要再带别人参加，也不要提特殊要求，以免给主人增加麻烦。根据宴请的事由，可适当准备一些礼品。

2. 仪容仪表

赴宴前应修饰仪表。仪表的修饰要大方得体，符合宴请的内容及气氛。一般来说，参加喜庆宴会时，女宾可以穿着色彩艳丽的套装，男宾可以穿着西装或中山装。穿着过分华贵的服装（指超过了主人）或太过随意，都是对主人的不敬重。在仪容上，女宾要认真梳理，并适当化妆，男宾也要根据个人情况注意仪表仪容，包括刮胡子、修面等。总之，在仪表仪容上要做到端庄大方，不媚不俗。

3. 按时抵达

按时出席宴会是最基本的礼貌，出席宴请活动，抵达的迟早、逗留时间的长短，在一定程度上反映了对主人的尊重，应根据活动的性质和当地习俗掌握，迟到、早退、逗留时间过短，都被视为失礼。身份高者可略晚些到达，一般客人宜早些到达。出席宴会要根据各地习惯正点或晚一两分钟抵达，我国则是正点或提前一两分钟抵达。出席酒会可以在请柬注明的时间内到达。抵达宴会活动地点，先到衣帽间脱下大衣和帽子，然后前往迎宾处，主动向主人问候。对在场其他客人，均应点头示意互致问候。

4. 礼貌入座

应邀出席宴会活动，应听从主人的安排，在进入宴会厅之前先了解自己的桌次和座位，入座之前留意桌上座席卡是否写有自己的名字，切勿随意入座。如果邻座是长者或女士，应主动协助他们先落座。入座后坐姿要端正，不可用手托腮或将双臂肘放在桌上。落座时应把双脚放在本人座位下，不可随意伸出，影响他人。不可玩弄桌上的酒杯、碗盘、刀叉、筷子等餐具。

5. 注意交谈

坐定后，如果已经有茶，可轻轻饮用。无论是主人还是宾客或陪客，都应与同桌的人交谈，特别是左邻右座，不可只与几位熟人或一两人交谈。如果不相识，可进行自我介绍，谈话要掌握时机，要视交谈对象而定，不可夸夸其谈，或谈一些荒诞离奇的事而引人不悦。

6. 文雅进餐

宴会开始时，一般是主人先致祝酒词，此时应停止谈话，不可吃东西，注意倾听。致辞完毕，主人招呼后，即可开始进餐。进餐时要注意举止文雅，取菜时不可一次过多，盘中食物吃完后再取。吃东西要闭嘴嚼，尽量不要发出声响。要将食物送进嘴里，不可伸出舌头去接食物。嘴里有食物时不可谈话。剔牙时，要用手或餐巾遮口，不可边走动边剔牙。

7. 学会祝酒

祝酒时不可交叉碰杯。碰杯时要注视对方，以示敬重友好。切忌饮酒过量，应控制在本人酒量的 1/3 以内，不可饮酒过量失言失态。如果不能喝酒，可以礼貌告知，但不可以把杯子倒置。

8. 告辞致谢

宴会结束一般先由主人向主宾示意，请其做好离席准备，然后从座位上站起，这是请全体起立的信号，一般以女主人的行动为准。女主人先邀请女主宾离席退出宴会厅，告辞时应礼貌地向主人道谢。通常是男宾先向男主人告辞，女宾先向女主人告辞，然后交叉，再与其他人告辞。席间一般不应提前退席。如果确实有事需提前退席，应向主人打招呼后轻轻离去。

◆ **知识链接**

用筷十忌

第一忌　忌迷筷，举筷不定
第二忌　忌翻筷，从碗底拣食
第三忌　忌刺筷，以筷当叉使
第四忌　忌拉筷，持筷撕口中正咀嚼的鱼肉
第五忌　忌泪筷，夹食带汤，滴答乱流
第六忌　忌吸筷，将筷子放入口中吮吸
第七忌　忌剔筷，把筷子当牙签
第八忌　忌供筷，把筷子竖直插入碗中
第九忌　忌敲筷，以筷击碗或桌子
第十忌　忌指筷，持筷指人说话

单元三　座次礼仪

座次礼仪是商务交际中必须遵循的礼仪规范之一，在商务交际中，许多场合都涉及座次的安排，如组织会议、商务谈判、双边签约、参加宴会等。

一、 商务座次安排的基本理念

1. 要做到内外有别

座次安排的礼仪规矩，更多用于招呼客人和正式场合，在朋友与亲人之间可不必过于严格。

2. 要做到中外有别

国内政府会议及公务场合，座次讲究左高。在一般商务场合及国际交往中，座位则以右为尊。

3. 要做到遵循规则

地方交往、社交活动，要按照约定俗成的做法。国际交往中，要按照国际惯例安排。

二、 不同场合下的座次礼仪

（一）乘车座次礼仪

1. 车辆安排

1）根据公务需求，提前做好车辆预订工作（或自行开车）。

2）预订车辆应提前 10~15 分钟到达指定地点等候。

3）司机（主人）注重着装，车辆保持整洁干净。

2. 上下车礼仪

（1）当主人陪同客人同乘一辆轿车

1）主人应为同车的第一主宾打开轿车的右侧后门，用手挡住车门上沿，防止客人碰到头。

2）客人坐好后再关门，注意不要夹了客人的手或衣服。

3）然后从车尾绕到左侧为客人开门或自己上车。

（2）如果和女士、长辈一同乘车

1）应请女士、长辈先上车，并为对方开关门。

2）抵达目的地时，主人先下车，然后为客人打开车门。

3. 乘车座次安排

比较正规的场合，乘坐轿车时一定要分清座次的主次，这是商务礼仪中乘车礼仪的要求。而在非正式场合，则不必过分拘礼。

（1）双排五座轿车

1）如果乘坐主人驾驶的小轿车，则副驾驶座是最尊贵的座位。一般是前排座位比后排座位尊贵，右座比左座尊贵，后排中位的位置最低。

2）如果乘坐由专职司机驾驶的小轿车，那么，后排右座是最尊贵的座位。后排的座位优于前排，依然是以右为尊，后排左座稍低，副驾驶座最低。需要提醒的是，在社交场合，尽量不要让儿童、女性、老人坐副驾驶座。图3-5所示为双排五座轿车座次安排。

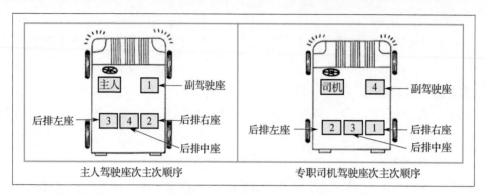

图3-5　双排五座轿车座次安排

（2）吉普车　吉普车一般是四座。乘坐吉普车时，无论开车的人是主人还是专职司机，前排右座（副驾驶座）总是最尊贵的位置。在吉普车上，前排座位优于后排，后排左座最低，如图3-6所示。

（3）八座商务车　乘坐专职司机驾驶的八座商务车时，应请贵宾在司机身后的座位就座，因为这个位置是最尊贵的，其他座位也应按照右侧优于左侧，前排优于后排的原则，如图3-7所示为八座商务车座次安排。

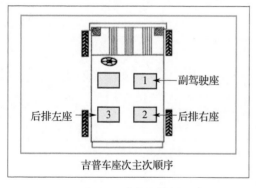

图3-6　吉普车座次安排

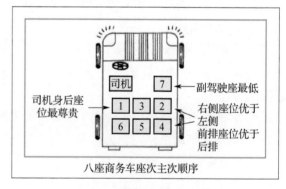

图3-7　八座商务车座次安排

（二）宴会座次礼仪

宴会的席位排列，关系到来宾的身份和主人给予对方的礼遇，所以是一项重要的内容。桌次安排的原则如下：

（1）以右为上　当餐桌分为左右时，以面门为据，居右的桌次为上。

（2）以远为上（大）　当餐桌距离餐厅正门有远近之分时，以距门远者为上。

（3）居中为上　多张餐桌并列时，以居于中央者为上。

（4）面门为上　倘若用餐时，有人面对正门而坐，有人背对正门而坐，依照礼仪惯例则应以面对正门者为上座，以背对正门者为下座。

（5）观景为佳　在一些高档餐厅用餐时，在其室内外往往有优美的景致或高雅的演出可供用餐者观赏，此时应以观赏角度最佳处为上座。

➲ 实训项目

实训任务： 宴会礼仪训练

实训目标：

1. 掌握宴会基本礼仪：能够熟练掌握并运用宴会中的基本礼仪，包括入场与退场、握手与问候、座次安排、用餐顺序及餐具使用等，确保在实际场合中表现得体且符合礼仪规范

2. 培养沟通与社交能力：能够在宴会上进行得体的交流，掌握与他人互动的技巧，如合适的话题选择、倾听与回应、避免社交禁忌等，提高正式场合中的沟通能力和社交技巧。

3. 提升应对突发情况的能力：能够应对宴会中可能出现的各种突发情况，如饮料溅洒、餐具掉落等，并能够在不影响整体气氛的前提下，得体地解决问题，展现良好的应变能力。

实训准备：

1. 物品准备：确保实训场地内有齐全的宴会用具和布置，包括桌布、餐具（刀、叉、勺、盘子、杯子等）、餐巾、菜单、装饰物（如花卉）等。

2. 场地布置：选择一个适合的场地，如多功能厅或大型教室，并进行合理布置。根据宴会形式安排座次（如圆桌式或长桌式），场地应具备充足的空间，方便学员自由活动和练习。

实训内容：

1. 入场与迎宾

1）模拟正式宴会的入场流程。

2）练习握手、问候及引导客人入座的礼仪。

2. 座次安排与礼仪

1）学习并演练不同形式宴会的座次安排（如圆桌、长桌）。

2）了解座次中的主宾、次宾及主人位置安排。

3. 交流与沟通

1）练习宴会中的交流技巧，包括开场白、合适的话题选择及互动方式。

2）模拟实际交流场景，学习如何得体回应及倾听。

4. 应对突发情况

1）模拟可能出现的突发情况（如饮料溅洒、餐具掉落）。

2）演练得体解决问题的方法，确保不影响宴会整体气氛。

5. 小组互评

分享对其他小组表现的观察和反馈，指出优点和改进建议。

考核评分表

考核项目	考核要求	分值	得分
入场与迎宾	需表现出得体的入场仪态，包括正确的站姿、握手、微笑和问候礼仪，并能够自然、礼貌地引导客人入座	20	
座次安排与礼仪	需准确安排座次，熟悉并遵循主宾、次宾及主人位置的安排规则，确保座次符合宴会礼仪规范	20	
交流与沟通	需展示出良好的交流能力，包括选择适当的话题、保持得体的肢体语言、倾听和回应的技巧，避免谈论不合适的话题	20	
应对突发情况	需能够冷静、得体地处理突发情况，如饮料溅洒或餐具掉落，展示出良好的应变能力，并确保不影响宴会的整体气氛	20	
小组互评	需参与小组互评，对其他组员的表现提出客观评价，包括优点和改进建议。每位学员需展示出良好的观察力和沟通能力，并以建设性的方式提供反馈，促进团队整体提升	20	

⊃ 模块小结

通过本章的学习，学生能够了解社交礼仪的重要性，以及不同礼仪的运用方法和训练技巧。学生应从日常生活开始，注意自己的仪表仪态，把课堂讲授的礼仪知识学以致用。在交往中，应注意在不同场合中，适当修饰自己的仪容，美化自己的仪态。

⊃ 问题与讨论

1. 会谈中如何处理意见分歧，维护良好的沟通氛围？
2. 在赴宴时，如何与陌生人建立融洽的交往？
3. 在座次礼仪中，如何应对突发情况导致的座次变动？

模块四　面试模拟训练

⊙ 学前导读

一个人应当有良好的礼貌来突出他特有的天性。人人都喜欢出人头地，但这不应当引起别人的讨厌。

——歌德

在男人身上，智慧和教养最要紧，漂亮不漂亮，对他来说倒算不了什么！要是你头脑里没有教养和智慧，哪怕你是美男子，也还是一钱不值。

——契诃夫

我们在日常生活中初次接触某人、某物、某事时所产生的即刻的印象，通常会在对该人、该物、该事的认知方面发挥明显的甚至是举足轻重的作用。同样的道理，对于用人单位而言，我们在面试时的第一印象，往往直接关系着我们与用人单位接下来关系的走向，这就要求我们在用人单位面前，不仅要展示自己的"高技能"，还要体现自己的"高素质"。

下面从面试准备、面试基本礼仪技巧、面试仪容仪表等3个方面介绍面试时应具备的基本礼仪。

⊙ 学习目标

知识目标

1. 了解礼仪在求职过程中的重要作用。
2. 熟悉并掌握求职过程中的具体礼仪规范。
3. 了解仪容仪表的重要性，知道基本的个人礼仪，掌握生活中基本的仪容仪表要求，用正确的态度对待仪容仪表。

能力目标

1. 掌握面试礼仪能让学生更顺利地投入工作中，能在日常的生活、学习、与人交往中学以致用。

2．掌握面试礼仪能在求职活动中自如地展示自我形象。

素养目标

1．从日常生活中不断地修炼自己，认识仪态美在生活中的必要性。

2．良好的仪容仪表反映出对他人应有的尊重，同时也促进全社会团结互助、平等友爱、共同前进的新型人际关系的形成。

单元一　面试准备

人才市场和劳动就业市场的不断发展，为求职者与用人单位提供了双向选择的市场机制，使求职应聘成为就业的主要发展趋势。人才市场为求职者提供了就业机会，双向选择又加剧了求职者之间的竞争。要想在激烈的竞争中取胜，不仅要有坚实的专业基础和道德修养，而且还必须有良好的礼仪素养，具备全面优秀的综合素质，才能在竞争中脱颖而出。

一、求职的过程与要求

1．认识自我

"认识自我"就是通过对自己的全面分析和认识，正确地评价自己的优缺点、能力结构和素质层次，并能通过与相关人群的比较，从不同角度、不同方位去了解自身的每一个信息，对自身做出准确的定位。

2．确定自己的从业方向

从事自己所能胜任、所喜爱的职业，既是一种享受，也是一种责任。因此，要了解职业的要求，找准正确的求职方向。

3．搜集信息，筛选应聘职位

搜集人才需求信息一般可以通过官方、校方等政府机构组织的人才供需见面会、人才交流会，通过网络、电视、报刊等传媒广告途径，和人才市场、劳动力市场、职业介绍所等中介机构获得招聘信息，还可以发动亲朋好友、老师、同学、老乡等人际关系帮忙打听。之后，需要对信息进行整理分析，从中筛选工作目标。

4．了解招聘单位和岗位

了解招聘单位的情况，包括单位的性质、所属行业、经济效益、生产规模、地点环境、企业声誉、发展前景、单位近期主要产品或经营项目、单位领导人的情况、用人准则及对人才的重视程度等情况。同时，对应聘岗位的性质、工作任务、应聘录用人员的条件、工作条件、工资待遇等情况加以关注。

5. 编制求职应聘简历

编制正确而精美且富有创意的应聘简历，是取得应聘成功的第一步。

6. 应聘前的准备工作

准备工作包括心理准备、形态仪表准备、资料准备和相关用品准备。

二、求职准备

（一）知己知彼，有的放矢

有些大学生在求职时，广撒求职信，以求"广种薄收"。这种做法的成功率比较低，既耽误了时间，又浪费了金钱。其实，求职是一种双向选择，在确定求职意向的时候，首先一定要既"知己"，又"知彼"，不要盲目出击，瞎碰运气，这样容易使人产生挫败感，令自己沮丧。

"知己"就是要明确自己的专业特长、个性特点、兴趣爱好及职业向往，这是今后职业生涯成功与否的基石；同时，"知己"也要求清楚自己的优势和弱势，使求职更具有针对性，以增加求职的成功率。"知彼"则是指求职者应提前了解和掌握准备应聘单位的相关资料，包括单位的性质、经济效益、用工制度和要求、本次招聘的职位及要求，还有你所希望申请职位的工作职责和必备的专业技能，甚至有些企业有影响的人物如创始人等的信息都应该熟悉。明确自己的所长所求，也了解用人单位基本情况和所提供的职位的要求，这样才能够准确定位，有的放矢，把握机会，充分发挥自己的长处，积极展示自己的才能，从而获得成功。

（二）应聘资料的准备

如果说求职的过程就是一个推销自我的过程，那么简历就好似广告和说明书，把求职者的特点、能力及基本情况全都反映出来。呈送简历的目的是得到面试机会，它必须在有限的篇幅内突出个人的特点，以引起招聘者的关注。因此，一份好的简历无疑是求职时一个重要的敲门砖。一份完整的简历包括个人信息、求职信和相关证明材料复印件，一些企业还要求有一封推荐信。下面分别介绍这些应聘材料的撰写要求。

1. 个人简历

简历是一个人在一定时期内的重要经历，它是了解一个人大致情况的主要依据。而求职简历则有它特殊的一面，用人单位通过简历能够了解求职人员学过些什么，做过些什么，是否具有某方面的能力或发展潜力，是否与招聘职位的要求吻合。因此，在拟写简历的时候要注意以下几个问题：

（1）简历要"简"　简洁明了的简历既能够突出个人的重要信息，减少不必要的干扰信息，也能够照顾到招聘者的阅读感受。招聘者在每一次招聘活动中，会收到大量的简历，长篇大论的材料是一定不会受欢迎的。一般的简历有 1~2 页就足够了。

（2）重点突出　用人单位想要了解的重点是你可以为他们做什么，所以简历的重点在于突出个人的学习（或培训）经历、工作经验及曾取得的成绩。但如果把自己写成一个什么都能干的人也不合适，因此，若有多个求职目标，最好写上多份不同的简历，在每一份简历上突出重点，这将使你显得与众不同，获得招聘者更多的青睐。

（3）真实准确　在简历的编写中一定要遵循诚实的基本原则，如实地表达出你的学习能力、工作能力和各项技能水平，以及工作经历和所取得的成绩，不可夸大其词，更不许有虚构的成分。要知道，讲真话不一定能使你得到工作，但是谎言总会露出破绽，哪怕是一个小小的细节，它既会让你人格受损，也会让你错失良机。

（4）用词得当　语言表达能力是一个人最基本的素质之一，不管什么行业对此都是非常重视的。首先，用词要准确，表情达意清楚明了，不模糊含混；其次，用词要讲究表现力，比如专业术语的使用就比一般性叫法更能表现出你的专业素养，具体数据的使用比用"大量""很多"等词更让人信服。最后，还要注意的是，在简历（包括后面的求职信）中，一定要避免出现错别字，许多招聘人员都谈到过，当他们发现错别字时，就会停止阅读。

另外，如果你写得一手漂亮的字，那么你的简历不妨用手写的方式来写，为自己多提供一个展示才能的舞台，也能使自己的简历在众多的打印材料中显得与众不同，以吸引招聘人员的眼球。

现在许多学校都自己设计了简历的标准格式，多为表格的形式。这样可以规范简历的内容与形式，也使页面显得干净整洁，一目了然。

2. 求职信

如果说简历是对一个人基本情况的简要介绍，那么求职信就是一个人能力与水平的综合展示。在求职信中，要突出个人的优势、能力，阐述个人的特性与意愿，给招聘人员留下强烈深刻的印象。求职信要简洁精练，语言优美，言辞恳切，要求有较高的写作能力。求职信的大致结构可以分为以下几个方面。

开头部分：称呼得体礼貌，比如"尊敬的 ×× 单位领导""尊敬的 ×× 公司经理"，再加上问候语"您好"，以及"打扰"等谦语，充分表现出求职人应有的礼貌修养。

自我情况介绍部分：本部分内容与简历不同，重点在于介绍自己的优势上，要扬长避短，重点突出，条理清晰，语言简洁，点到为止，不做过多评述，否则有王婆卖瓜之嫌。这些优势包括学习能力、工作能力、个性优势、获奖情况等。

自我评价部分：这部分是展示自己独到见解的部分，要精心选择一个适合的角度，或自我评价，或抒发志趣，或对工作中的某个问题发表自己的见解，但也不宜太长，目的是让招聘人了解你的人生观、价值观。前部分展示的是你的能力水平，而这部分展现的就是你的思想认识水平。

求职意向：这部分表达要直接明了，不要含糊不清，模棱两可，只需回答"你想做什

◆ **拓展阅读**

范文赏析 1

尊敬的领导：

您好！

首先感谢您在百忙之中翻阅我的自荐材料，为一位满腔热情的大学生开启一扇希望的大门。我叫××，是一名即将于××年××月毕业于××学院商务英语专业的学生。

我出生于一个充满温馨的家庭，父母让我从小养成刻苦耐劳、谦虚谨慎、热情待人、朴实诚恳的生活态度，在四年的大学生涯中，我刻苦学习，并掌握了一些商务英语方面的知识，能熟练地进行听、说、读、写，熟练运用网络查阅相关英语资料，并能及时予以翻译。我很喜欢从事外贸工作，并深深知道外贸工作的重要性，这是一个需要责任心和细心的工作。我中文录入速度每分钟100字以上，较擅长于进行社交活动，工作认真、有耐心、肯学肯干，做事一丝不苟且具有很强的责任心和进取心，喜欢和人交流。

自荐书不是广告词，不是通行证，但我知道一个青年可以通过不断的学习来完善自己，可以在实践中证明自己。

尊敬的领导，我是一个做任何事都充满激情的人，如果我能喜获您的赏识，一定会尽职尽责地用实际行动向您证明。我一定会不负所望地做好每一件事。公司的未来，我愿奉献自己的心血和汗水。再次致以我最诚挚的谢意！

此致！

　　敬礼

自荐人：

时间：　　年　　月　　日

范文赏析 2

尊敬的人事部经理：

您好！

首先，真诚地感谢您从百忙之中抽出时间来看我的自荐信资料。

我叫××，是××级的应届毕业生。即将踏入社会的我，已经做好投入工作的准备。我做事稳重，为人热情，善于与别人友好沟通、交流合作，注重思想品德的修养，严格要求自己。

在校期间，我通过对企业财务会计、基础会计、财政与金融、办公自动化、会计技能、中级收银、市场营销等课程的学习，已有扎实的专业知识和过硬的专业技能，现已能够从事会计的具体工作。学习会计的我，做事耐心谨慎，且是校学生会组织部的副部长。组织能力比较强，尽职尽责，常常受到老师的表扬。但做一个合格的会计人员是我永恒的追求，对会计工作事项我精益求精，有浓厚的兴趣。3年的寒窗苦读，与同学们相互鼓励、相互关心，共同学习成长，既体会过成功的欢欣鼓舞，也品尝过失败时的失落焦躁。这些经历，把我培养成社会需要的、对目标不舍不弃的、有较强的心理承受能力的从业人员。

因此，我对自己充满信心与希望，我不是最棒的，但我是其中最努力的一个。在这充满机会与竞争的年代，我渴望用所掌握的知识与技能为贵公司服务，期待给我一个施展才能的机会。

诚恳期待来自您的好消息，我会感激万分。

祝贵公司业务蒸蒸日上！

此致！

　　敬礼

自荐人：

时间：　　年　　月　　日

么"或"你能为公司做什么",最直接的方式就是写出要申请的职位。

结语:包括联系方式、"此致、敬礼"等礼貌用语、求职人姓名、时间。

3. 相关证明材料

这部分是对简历中所提到的相关内容的进一步证明,包括成绩单、获奖证书、英语等级证书、计算机等级证书、各类专业技能等级证书及发表过的作品、论文等的复印件,附在简历和求职信的后面。要求复印质量要好,清晰、整洁,在放置顺序上,最好根据求职意向的不同,将该职务重点要求的材料放在前面,例如,申请秘书的职位,秘书资格证、计算机等级证书、发表过的作品等就很重要,而申请某个技术性的职位,该技术的技能等级证书就是最重要的材料。另外,在参加各类招聘会时,最好不要将原件带在身上,以防丢失,但在面试的时候,就应将原件带上,以备对方核查。

4. 推荐信

一些涉外企业等在求职时需要有推荐信,推荐人主要是熟悉自己的学校老师,也可由校方组织部门出具,并加盖公章。

以上4个方面按简历、求职信、推荐信和相关证明材料复印件的顺序装订在一起,并设计一个封面做简单的包装。封面的设计一定要简洁大方、清新醒目,千万不要设计得花里胡哨,或太过另类。

◆ **拓展阅读**

案例1 一家公司招聘行政助理,几位应聘者在一楼大厅接待处办好手续,接待人员让他们一起到三楼人力资源部去面试,在上楼时,一位怀抱文件的工作人员急匆匆下来,与他们撞了个正着,文件散落一地,只有一位应聘者停下来帮着捡起地上的文件,而其余的人都毫不犹豫地直奔三楼。结果,这位帮着捡起文件的小伙子被录取了。

案例2 恰科是法国一个银行大亨。在他年轻时,工作并不顺利,52次应聘均遭失败。第53次时,他直接来到最大的一家银行的董事长办公室,可是没谈上几句又被拒绝了,他虽很失意,但还是礼貌地说完再见,转身往外走。忽然,他看见一枚大头针横在门口,他知道这东西虽小,弄不好也会对人造成伤害,就弯腰把它拾了起来。第二天,他出乎意料地接到了这家银行的录用通知。原来,他捡大头针的举动被董事长看见了。

案例3 一位涉外文秘专业毕业的女孩玲玲,在一家外资企业应聘总经理秘书,顺利通过了初试、复试,最后一关是总经理面试。玲玲凭借自己出色的专业知识和流利的英语口语,赢得了总经理的赞许。当面试快结束时,总经理故意碰了一下桌面上的文件,一页文件掉在了地上。但玲玲似乎没有注意到这一动作,她仍在兴致勃勃地说话,总经理这时也似乎没了刚才的兴趣,他对玲玲说:"面试就到这里吧!"玲玲一脸茫然地出去等结果。一会儿人力资源部经理来了,通知被录取的是另外一个人。经理遗憾地对玲玲说:"我们本来很看好你的,但你连捡一张纸都不愿意,又怎么能当个好秘书呢?"

三、面试谈话礼仪

1. 谈话内容方面应注意的问题

首先，应该注意用语的礼貌，切忌出现不文明的语句，称对方公司时要尊称"贵"，比如"贵公司"。如果你是一个归属感很强的人，也可以直接称"我们公司"。另外，"请""谢谢"等礼貌用语要常挂在口，少说或不说口头禅，更不能出言不逊，贬低他人。

其次，在回答问题时，对方问什么答什么，问多少答多少，切忌问少答多、问多答少。

最后，还要注意把握谈话的重点，不要离题，不要啰唆。还要强调的是，在回答任何问题时都要诚实，做到准确客观，不可编造谎言，夸夸其谈，炫耀自己，令人心生反感。

2. 谈话形式方面应注意的问题

第一，应该用普通话对答，要求发音准确，吐字清楚，语速适中，语调不宜过高，声音不能太小；第二，说话时态度诚恳、谦逊，不要咄咄逼人，如果要提一些要求，也尽量使用商量的语气；第三，切忌任意打断考官的谈话，喧宾夺主，随意插话，这是极不礼貌的行为；第四，说话时不要滔滔不绝，口若悬河，狂妄自大；第五，注意倾听别人的谈话。当考官在说话的时候，一定要用心听，不能东张西望，毫不在意。

◆ **拓展阅读**

一天，一家公司的人力资源部经理来上班，在公司大楼的大厅里有很多人在等电梯。电梯来了，人们一拥而进，十分拥挤，于是站在电梯按钮旁的人就开始为大家按要到的楼层。这时，一个陌生的小伙子想从人群中挤到按钮前自己按，旁边的人说："你就说你到几楼吧，前面的人会帮你的。"小伙子说了声"九楼"，别人就替他按了一下"九"，小伙子再也没吭气。等人力资源部经理到了办公室，刚坐下一会儿，助理说有人来应聘，经理一看，就是刚才在电梯里的小伙子。经理询问了一下他的专业学习情况。对他的专业水平很满意，但一想到他刚才在电梯里的表现，还是决定不录取他。旁边的助理很奇怪，问经理原因，经理说："电梯里那么挤，他还要自己去按，说明他缺乏合作精神；别人帮助了他，他连个谢谢都不说，说明这个人没礼貌，所以，我不能录取他。"

四、面试常见问题的回答技巧

1. 为什么你想到这里工作

这应该是很好回答的题目，因为在此之前求职者已经进行了大量的准备，已经很了解这家公司了。此外，除说明公司的待遇、福利条件吸引人之外，可进一步说明此工作可以一展自己的专长。组织几个原因进行回答，最好是简短而切合实际的。

2. 这个职位最吸引你的是什么

这是一个表现你对这个公司、这份工作看法的机会。回答应使考官确认你具备他要求的素质。无工作经验的人可以针对自己被这份工作吸引的原因回答"工作性质适合自己"之类。有工作经验者倘若能提出这份工作的与众不同之处，主管多会更感兴趣的。

3. 你是否愿意去公司派你去的那个地方

如果你回答"不"，那么你可能会因此失掉这份工作。可以选择在你被雇佣后和公司就这个问题再进行谈判。

4. 你最大的成就或值得骄傲的成绩是什么

准备一两个成功的小故事。从你过去或目前的相关工作中，找出具体的实例来加以说明。如为了举办校园歌手比赛，成功地联系了一家企业作为赞助商，使比赛开展得很成功，或大三开始，自己边学习，边工作，勤工助学，生活不依靠父母，完全自立等。要有备而来，想些虽然成就比较小，但和面试者的需求相关的成就来叙述。

5. 未来五年你的事业目标是什么

对工作拥有具体期望与目标的人，通常成长较快。根据能力和经历，回答一定要得体，如："我的目标是……为了达到这个目标，必须努力充实自己……而我拥有这样的自信。""我在上一份工作中积累了一些行政经验，我将来也许要运用组织和计划上的经验和技巧。我希望能充分展示自己在这个行业的能力和智慧。"

6. 你最低的薪金要求是多少

这是必不可少的问题，是求职者和面试官都十分关心的问题。针对待遇问题，以清楚明确答复最佳，"依公司规定"可能会被认为缺乏自信而非谦虚。因此，最好客观归纳个人年龄、经验、能力，再依行业类别、公司规模等客观资料，提出合理的数字，附带说明提高待遇的理由。

7. 你还有什么问题吗

你要准备通过发问，了解更多关于这家公司、这次面试、这份工作的信息，假如你笑着说"没有"（心想着终于结束了，长长呼出一口气），那才是犯了一个大错误。这往往被理解为你对该公司、对这份工作没有太浓厚的兴趣；从最实际的考虑出发，你难道不想推断一下自己入围有几成希望？一些供选择的问题：为什么这个职位要公开招聘？贵公司（贵部门）

最大的挑战是什么？公司的长远目标和战略计划您能否用一两句话简要介绍一下？您考虑这个职位上供职的人应有什么素质？决定雇佣的时间大致期限是多久？

8. 你有什么长处或弱点

这个问题应避免抽象的陈述，而以具体的经验及自我反省为主，使内容更具吸引力。长处可以照实回答，比如乐于助人和关心他人，适应能力和幽默感，乐观和友爱等。

当你在叙述个人弱点时，要能够说出过去的具体相关事例。当然，你也可以说一个你明显的缺点，然后举出例子说明你是怎样克服这个缺点的。可以回答："我认为自己的长处是能够热衷于某件事情，并且始终乐此不疲，能够专心致志直到完成。从某方面来讲，这也是我的短处，有时过分热衷于某件事，导致对一些事的看法可能会有失偏颇。其实我也了解自己的这一点，因此，今后会经常反思和检讨的。"

五、面试禁忌

1）忌与旁人唠叨。在接待室恰巧遇到朋友或熟人，就旁若无人地大声说话或笑闹，对刚才面试的过程大肆渲染，这是极其不礼貌的表现，而实际上面试官也在暗中观察面试者的其他表现。因此，要特别注意这种行为禁忌。

2）忌面试时做小动作，如折纸、转笔、玩弄衣袋或发辫、身体摇摆或抖动等，这样会显得很不严肃，还会分散对方注意力。不要乱摸头发、胡子、耳朵，这可能会被认为你在面试前没做好个人卫生。用手捂嘴说话是一种紧张的表现，应尽量避免。

3）忌犹豫不决。求职者回答问题时举棋不定的态度是不明智的。这样容易让主考官感到面试者缺乏必要的诚意，是个信心不足的人，甚至怀疑其工作能力。

4）忌"亲友团""情侣档"的陪同。面试时，莫让他人陪同入场。有的求职者面试时，习惯带上同学或亲戚前往，以消除紧张或给自己当"参谋"。其实这种做法对求职者是不利的，会给考官留下缺乏自信心、独立性不强的印象，容易遭到淘汰。

单元二　面试基本礼仪

礼仪是一个国家、一个民族文化的重要组成部分，是一个国家、一个民族文明程度、文化特色的重要标志之一。中国素有"礼仪之邦"的美称，礼仪在我国传统文化中占有重要的地位。

一、见面礼仪

见面礼仪直接关系个人形象的塑造及他人对我们的初步评价。在职场面试、商务会议、社交活动等多种场合，得体的见面礼仪尤为重要。以下是一些基本的见面礼仪规范。

1. 准时到达

无论是预约的面试、会议还是社交活动，准时到达是对他人的基本尊重。如有特殊情况可能要迟到，务必提前通知对方并说明原因，争取对方的谅解。

2. 微笑致意

当与他人初次见面时，微笑能够迅速拉近彼此的距离，营造出友好和谐的氛围。微笑应该真诚自然，避免过分夸张或勉强。

3. 礼貌问候

根据场合和对方的身份，选择恰当的问候语。例如，在面试场合可以使用"您好，我是×××，很高兴来参加面试"；在商务会议中，可以握手并说"您好，久仰大名，我是×××"；在社交活动中，则可以更随和地打招呼。

4. 自我介绍

在需要自我介绍的场合，应简明扼要地介绍自己的姓名、身份和来意。避免冗长啰唆，同时注意保持语速适中、语音清晰。

5. 注意姿态

站立时应保持背部挺直，肩膀放松，双脚自然分开与肩同宽，展现出自信而不失谦逊的姿态。如果需要坐下，则应轻稳入座，避免发出过大声响或影响他人。

6. 目光交流

与他人交谈时，应保持适度的目光交流，以表达关注和尊重。但要避免长时间直视对方或不敢看对方眼睛，以免造成不适或误解。

7. 适度握手

在需要握手的场合，应主动伸出手掌与对方相握，力度适中，时间不宜过长。同时要注意手部保持清洁和干燥，避免握手时给对方留下不好的印象。

8. 交换名片

如果场合允许并需要交换名片，应主动向对方递送自己的名片，并用双手接取对方的名片。接取名片后应认真阅读并妥善保管，避免随意丢弃或放在不当位置。

9. 礼貌告别

礼貌告别是面试礼仪的收尾，也是给面试官留下好印象的重要环节。

面试结束时，主动向面试官表达感谢，如"非常感谢您的时间和耐心指导"。起身离开时，注意保持优雅的姿态，轻轻关门离开。如果可能的话，可以在离开后发送一封感谢邮件，再次表达感谢并表明对职位的热情与期待。

总之，面试基本礼仪是每位求职者都应掌握的重要技能。通过遵循上述见面礼仪规范，你将能以更加专业、自信的形象面对面试，为成功赢得职位奠定坚实的基础。

二、仪态礼仪

面试仪态礼仪是求职者展现个人专业素养的重要方式。通过遵循站姿、坐姿、走姿、蹲姿等基本礼仪要求，求职者可以在面试中给面试官留下良好印象，增大获得职位的机会。同时，保持自然的面部表情和得体的言谈举止也是面试成功的关键。

（一）站姿

站姿是最容易表现人的特征的姿势，不同站姿会传递出不同的信息。

站姿的基本要领是：两脚跟相靠，脚尖分开 35~50 度，重心保持在两脚上。双膝并拢直立，腰背挺直，收腹挺胸、提臀，抬头挺直脖颈，人体有向上的感觉；肩平头正，微收下颌，双目平视前方，嘴唇微闭，面带笑容；站立时要双肩舒展，两臂自然下垂，右手放在左手上，双手置于小腹位或后腰际。

站姿

1. 站姿禁忌

（1）东倒西歪　东倒西歪，站没站相，坐没坐相，很不雅观。

（2）耸肩勾背　耸肩勾背或懒洋洋地倚靠在墙上或椅子上，会对自己形象产生不良影响。

（3）双手乱放　随便将手插在裤袋里是不允许的。双手交叉在胸前这种姿势容易使别人有压迫感，倘若能将手臂放下用两手相握在身前，能让对方感受轻松舒适。

（4）做小动作　下意识地做小动作，如摆弄打火机、香烟盒，玩弄衣服、发辫，咬手指甲等，不但显得拘谨，且给人以缺乏自信的感觉，而且有失仪表的庄重。

2. 站姿训练

（1）男士站姿　身体立直，抬头挺胸，下颌微收，双目平视，嘴角微闭，双脚平行分开，两脚之间距离不超过肩宽，一般以 20 厘米为宜，双手在身后交叉，右手搭在左手上，贴于臀部。

（2）女士站姿　身体立直，抬头挺胸，下颌微收，双目平视，嘴角微闭，面带微笑，两脚尖略分开，右脚在前，将右脚跟靠在左脚脚弓处，两脚尖呈"V"字形，双手自然并拢，右手搭在左手上，轻贴腹前，身体重心可放在两脚上，也可放在一脚上，并通过重心的移动减轻疲劳。

训练方法:（配乐）教师示范站姿种类及标准，将两个同性别学生分成一组，按男士或女士站姿的标准背对背站立。将两人的后脑、双肩、臀部、小腿肚、脚后跟紧靠在一起。教师逐个纠正错误，直到大家都能熟练做到标准站姿。最后将全班同学分若干小组上讲台做站姿表演，大家通过讨论共同评选出男女各若干名最优雅站姿学生。

（二）坐姿

1. 坐姿基本要求

（1）静态的坐姿　静态的坐姿要求头正目平，双目平视前方或注视对方，下颌向内微收，两肩放松，挺胸收腹，腰背挺直，嘴角微闭，面带微笑，两手相交放在腹前双腿上，两脚平落地面。

（2）动态的坐姿

1）入座的要求。入座时，走到座位前面转身，要轻而缓，右脚向后撤半步，从容不迫地慢慢坐下，然后左脚跟上（或右脚向前）与右脚（或左脚）并齐。女性入座要娴雅，坐下前应用手把裙子向前拢一下。

2）离座的要求。离座时，右脚先向后迈半步，站起身，向前走一步离开座位，不可猛地起身。

女士坐姿训练

2. 女士坐姿训练

1）标准式：小腿垂直于地面，两腿并拢，如图4-1所示。

2）侧点式：两小腿向左斜出，双膝并拢，右脚跟靠拢在左脚内侧，右脚掌着地，左脚脚尖着地，如图4-2所示。

3）前交叉式：左脚置于右脚上，两踝关节处交叉，两脚尖着地，如图4-3所示。

图4-1　标准式坐姿　　　　图4-2　侧点式坐姿　　　　图4-3　前交叉式坐姿

4）后点式：两小腿后屈，脚尖着地，双膝并拢，如图4-4所示。

5）曲直式：右脚前伸，左小腿收回，大腿靠紧，左脚前脚掌着地，两脚前后在一条直线上，如图4-5所示。

6）侧挂式：在侧点式基础上，左小腿后曲，脚绷直，脚掌内侧着地，右脚提起，用脚面贴住脚踝，膝盖与小腿并拢，上身右转，如图4-6所示。

7）重叠式：在标准式坐姿基础上一条腿提起，脚窝落在另一条腿的膝关节上，上面的腿应向里收，贴近另一条腿的小腿处，脚尖向下，如图4-7所示。

图4-4　后点式坐姿

图 4-5　曲直式坐姿

图 4-6　侧挂式坐姿

图 4-7　重叠式坐姿

3. 男士坐姿训练

1）标准式：双臂自然弯曲，小腿垂直于地面，两腿分开一拳宽，两脚平行朝前，双手分别放在两膝上，如图 4-8 所示。

2）前伸式：左脚向前半脚，脚尖不要翘起，如图 4-9 所示。

3）前交叉式：两小腿前伸，双脚在踝关节处交叉，如图 4-10 所示。

男士坐姿训练

图 4-8　标准式坐姿

图 4-9　前伸式坐姿

图 4-10　前交叉式坐姿

4）交叉后点式：两脚交叉，小腿向后曲回，脚掌撑地，如图 4-11 所示。

5）曲直式：左脚前伸，右小腿曲回，右脚前脚掌着地，如图 4-12 所示。

6）重叠式：一腿垂直于地面，另一腿重叠，重叠腿向里收，脚尖朝下，如图 4-13 所示。

4. 训练方法

教师示范坐姿种类及标准，每个学生都站在椅子的左前方，老师统一喊口令，按标准步骤入座和起立，并依次进行各种坐姿训练，每进行一种坐姿，教师逐个纠正错误，直到大家都坐得标准，再进行下一种坐姿的训练。最后将全班同学分若干小组上讲台做坐姿表演，大家通过讨论共同评出男女各若干名最规范坐姿的学生。

图 4-11　交叉后点式坐姿　　　图 4-12　曲直式坐姿　　　图 4-13　重叠式坐姿

（三）走姿

优美的走姿有助于塑造体态美。行走姿势以轻巧、自如、稳健、大方为准。男性以便步式走姿为多，女性以一字步走姿为宜。

走姿

1. 便步式走姿

动作要领：行走时，前摆腿屈膝程度不宜过大，脚跟先着地，然后迅速过渡到前脚掌，脚尖略向外，腿部具有力度感。上身自然挺拔，立腰，收腹，身体重心随脚前摆迅速跟上，勿落在后脚或两腿之间，身体保持平稳前移；头正，目光平稳，用眼睛的余光注意前下方，下颌微内收，使脸保持在垂直线上；肩平，肩峰稍后张，上臂带动小臂自然前后摆动，肩勿摇晃。

2. 一字步走姿

动作要领：左脚前迈时微向左前方送胯，右脚前迈时微向右前方送胯，但送胯不要明显；两臂自然摆动，前摆臂时注意肩部稍许平送，后摆臂时肩部稍许平拉。

3. 走姿训练

第一步，由教师喊口令，同学一起做行走辅助训练（摆臂、屈膝、平衡），然后逐步分解动作练习，最后进行行走连续动作练习，老师纠正错误。第二步，两人一组自由训练（一个走，一个看），分别纠正错误。第三步，将全班同学分若干小组做走姿表演，最后大家通过讨论共同评选出若干名最优雅走姿学生。走姿训练见图 4-14。

图 4-14　走姿训练

（四）蹲姿

在日常生活中，人们对掉在地上的东西，一般是习惯弯腰或蹲下将其捡起，但这种姿势是不合适的。

◆ **知识链接**

变向时的行走规范

1）当走在前面引导来宾时，应尽量走在宾客左前方，髋部朝向前行的方向，上身稍向右转体，左肩稍前，右肩稍后，侧身向着来宾，与来宾保持两三步的距离。当走在较窄的路面或楼道中与人相遇时，也要采用侧身步，两肩一前一后，并将胸部转向他人，不可将后背转向他人。

2）向他人告辞时，应先向后退两三步，再转身离去，退步时，脚要轻擦地面，不可高抬小腿，后退的步幅要小，转体时要先转身体，头稍后再转。

1．蹲姿方法

（1）高低式蹲姿　基本特征是双膝一高一低。下蹲时，一只脚在前，小腿垂直于地面，全脚掌着地，大腿靠紧；另一只脚在后，脚掌着地，脚跟提起，臀部朝下，重心在一条腿上。

（2）交叉式蹲姿　基本特征是蹲下后双腿交叉在一起。它的优点是造型优美典雅。下蹲时右脚在前，右小腿垂直于地面，全脚着地，右腿在上，左腿在下，左右腿交叉重叠；左膝向后面伸向右侧，左脚跟抬起，脚掌着地，两腿前后靠紧，合力支撑身体，上身略向前倾，臀部朝下。

2．蹲姿训练

（1）女式蹲姿　女子下蹲时，左脚在前，右脚稍后，两腿靠紧向下蹲，如图 4-15 所示。

（2）男式蹲姿　男子左脚全脚着地，小腿基本垂直于地面，右脚跟提起，脚掌着地。右膝低于左膝，右膝内侧靠于左小腿内侧形成左膝高右膝低的姿态，臀部向下，基本上以右腿支撑身体。取物时双眼看着物体，起身要轻缓，如图 4-16 所示。

图 4-15　女式蹲姿　　　　图 4-16　男式蹲姿

提示：这里需要特别注意的是：下蹲时无论采取哪种蹲姿，都应掌握好身体的重心，避免在客人面前摔倒。

3. 训练方法

首先，由教师边示范边讲解动作。然后，每个学生自由练习捡东西的标准动作。最后，将全班同学分若干小组做蹲姿表演（第一个同学走过去蹲下放下东西，第二个同学走过去蹲下捡起东西交给第三个同学，依次进行），教师点评并评选出若干名最得体蹲姿的学生。

（五）手势礼仪

手势礼仪

面试手势礼仪是面试过程中不可忽视的重要环节，恰当的手势能够增强表达效果，展现个人自信与专业素养。

1. 基本手势原则

（1）自然得体　手势应自然流畅，避免过分夸张或僵硬，与言谈内容协调。

（2）适度运用　手势的使用应适度，不宜过多过频，以免给面试官留下轻浮或不稳重的印象。

（3）表达清晰　手势应有助于清晰表达观点，增强说服力，避免模糊不清或产生歧义。

2. 常见手势及其含义

（1）表示关注的手势

1）手势描述：双手交合放在嘴前，或把手指搁在耳下，或把双手交叉、身体前倾。

2）含义：表示对面试官的谈话内容非常关注，正在聚精会神地倾听，能够增强沟通效果，建立良好的互动关系。

（2）表示开放的手势

1）手势描述：手心向上，两手向前伸出，手要与腹部等高。

2）含义：这种手势传递出愿意与面试官建立联系、分享想法的意愿，表现出自信和热情，有助于营造积极向上的面试氛围。

（3）表示有把握的手势

1）手势描述：先将一只手伸向前，掌心向下，然后从左向右做一个大的环绕动作，就好像用手"覆盖"着所要表达的主题。

2）含义：这种手势能够展现个人对所述主题或问题的把握程度，增强说服力，让面试官感受到应聘者的专业性和自信。

（4）表示强调的手势

1）手势描述：把食指和大拇指捏在一起，以示强调。

2）含义：当需要强调某个重要观点或信息时，可以使用这种手势来加强语气，吸引面试官的注意力。

3. 手势使用注意事项

（1）避免不雅手势　在面试过程中，应避免使用任何不雅或冒犯性的手势，例如，挠头、掏耳朵、剔牙等，以免给面试官留下不良印象。

（2）控制手势幅度　手势的幅度应适中，不宜过大或过小。过大的手势会显得夸张不稳重，过小的手势则可能无法有效传达信息。

（3）结合言谈内容 手势应与言谈内容紧密结合，避免出现手势与言谈脱节的情况。同时，要注意手势的连续性和协调性，避免突兀或杂乱无章。

4. 实践建议

（1）提前准备 在面试前，可以对着镜子或找同学练习手势的使用，确保在面试时能够自然流畅地运用手势。

（2）观察反馈 在面试过程中，可以观察面试官的反应和表情，根据反馈调整手势的使用方式和频率。

（3）保持自信 自信是面试成功的关键之一。在运用手势时，要保持自信和从容的态度，让面试官感受到你的专业素养和魅力。

（六）表情

表情是人体语言中最为丰富的部分，是内心情绪的反映。人们通过喜、怒、哀、乐等表情来表达内心的感情。在人际沟通方面，表情起着重要的作用，现代心理学家总结出一个公式：感情的表达＝言语（7%）＋语音（38%）＋表情（55%）。

优雅的表情，可以给人留下深刻的第一印象。

1. 表情的定义

表情指人的面部情态。它可以传情达意，表现人的心理。与仪态一样，表情也是人类无声的语言。现代传播学认为，它属于人际交流之中的"非语言信息传播系统"，并且是其核心的组成部分。因为相对于仪态而言，表情更直观，更形象，更易于为人们所觉察和理解。表情真实可信地反映着人们的思想、情感及其他方面的心理活动与变化。

2. 表情的主要构成因素

表情是人类在神经系统的控制之下，面部肌肉及其各种器官所进行的运动、变化和调整，以及面部在外观上所呈现的某种特定的形态。

3. 应用表情神态应遵循的规则

（1）表现谦恭 与人交往时，待人谦恭与否，人们可以从表情神态方面很直观地看出来，因此，人们在工作和生活中务必要使自己的表情神态于人恭敬，于己谦和。

（2）表现友好 在生活和工作中，对待任何交往对象，皆应友好相待。这一态度，自然而然会在表情神态上表现出来。

（3）表现真诚 人们在相互交往时，既要使个人的表情神态谦恭、友好，更要使之出自真心，发乎诚意。这样才会给人表里如一、名副其实的感觉，才会取得别人的信任。

（4）表现适时 从大的方面看，人的表情神态可以是庄重、随和，也可以是活泼、俏皮、兴奋、高兴，还可以表示不满、气愤和悲伤。不论采用何种表情，人们都要注意使之与现场的氛围和实际需要相符合。这就是所谓表情神态要适时。例如，当你去看望一个病人时，万万不能表现高兴之情，否则就会让人觉得你在幸灾乐祸，肯定不会受到对方的欢迎。

◆ **知识链接**

眼神

　　眼神是对眼睛总体活动的一种统称。常言道"眼睛是心灵的窗户"，眼睛能如实反映一个人的喜怒哀乐。在传递信息过程中，它能够传达出最细微、最精妙的差异，表达出确切的信息，甚至泄露出心底深处的"秘密"。因此观察一个人时，最好的办法是去观察他的眼睛。

　　①视线的分类及含义。注视别人时间的长短不同，表示的态度不同。如果注视对方的时间占全部相处时间的1/3左右，表示友好；如果注视对方的时间占全部相处时间的2/3左右，表示重视；如果注视对方的时间不到相处时间的1/3，表示轻视；如果注视对方的时间超过了全部相处时间的2/3以上，往往表示敌意。

　　注视的角度不同，表示的态度不同。正视对方需要正面相向注视，表示重视对方；平视对方表示双方地位平等和注视者的不卑不亢；仰视对方表示对被注视者的重视和信任；俯视对方表示自高自大或对对方不屑一顾。

　　②注视的部位不同，不仅表示自己的态度不同，也表示双方关系有所不同。一般情况下，不宜注视他人头顶、大腿、脚部与手部或是"目中无人"。对异性而言，通常不应该注视其肩部以下。

　　③注视的方式不同，表示的含义也不同。眼睛是传递心灵信息的窗口，在人际交往中具有不可替代、不容忽视的作用。在人际交往中，一个人的目光应是坦然、亲切、和蔼、有神的，目光应注视对方，不应躲躲闪闪。人们的视线互相接触的时间通常占交往时间的30%~60%，一般连续注视对方的时间在1~2秒内。在双方直接见面交谈时，视线的高度与位置，应因交际对象和交际场所的不同而不同。

◆ **知识链接**

笑容

　　人们常说脸上最宝贵的财富就是笑容。笑容是人们在笑的时候，脸上露出的表情，有时还伴着笑声。笑容可以缩短彼此之间的心理距离，为进一步深入沟通与交往创造和谐、温馨的良好氛围。

　　①笑容的类型。笑容包括含笑、微笑、轻笑、大笑、狂笑。其中微笑是最常见、用途最广、最能拉近人们心理距离的笑容。

　　②微笑的基本方法。肌肉放松，嘴角两端向上略微提起，不发声，不露齿，面含笑意，亲切自然，使人如沐春风。

　　③微笑4个结合。

　　a. 笑口和笑眼的结合。在微笑中，不仅口在笑，眼也要笑，眼睛的表情是十分重要的。眼睛是心灵的窗户，因此，口到、眼到、神色到的微笑才能打动人的心弦。

b．笑口和神态、感情、气质的结合。笑时要笑出神态、神情、神色，做到情绪饱满，神采奕奕；笑出感情，笑得亲切、甜美，反映出美好的心灵；笑得有"气质"，要体现出谦虚、稳重、大方和得体的良好气质。

c．笑和语言的结合。语言和微笑都是传播信息的重要符号，只有做到二者的有机结合，声情并茂，相得益彰，微笑才能发挥出它的效果。

d．微笑和仪表、举止的结合。端庄的仪表、适度的举止，和微笑结合起来，以姿助笑，以笑促姿，就能形成完整、统一、和谐的美。

有人说，一旦学会微笑，你将成为一笔宝贵的精神财富的拥有者。微笑是全世界通用的货币。但愿人人都学会微笑，成为微笑的使者。

◆ **拓展阅读**

案例 1　"推销之神"原一平

原一平在日本寿险业是一位声名显赫的人物。日本有近百万的寿险从业人员，其中很多人不知道全日本知名寿险公司总经理的姓名，却没有一个人不认识原一平。他的一生充满传奇，从被乡里公认为无可救药的小太保，最后成为日本保险业连续 15 年全国业绩第一的"推销之神"。最穷的时候，他连坐公交车的钱都没有，可是最后，他终于凭借自己的毅力，成就了一番事业。成功之后，原一平也总是微笑着和擦肩而过的行人打招呼。因为他相信"给世界一个微笑，整个世界都是欢乐的"。

案例 2　永远的微笑服务

希尔顿（Hilton，1887—1979），美国宾馆业巨头，人称旅店帝王。希尔顿经营宾馆业的座右铭是："你今天对客人微笑了吗？"这也是他所著的《宾至如归》一书的核心内容。

想一想

1．"推销之神"原一平的事迹给你什么启示？

2．希尔顿生意如此之好，财富增长如此之快，他的成功秘诀是什么呢？

三、交谈礼仪

面试交谈礼仪是面试过程中至关重要的一环，它不仅关乎个人形象的塑造，还直接影响面试官对应聘者的印象和评价。

1．语言礼仪

（1）文明用语　使用文明用语，如"您好""谢谢""请"等，展现出良好的教养和素质。称呼面试官时使用敬语，如"您"，以表示尊重和礼貌。

（2）语言清晰　交谈时口齿清晰，语言流利，发音准确，避免使用方言或俚语，以免造成沟通障碍。音量适中，语速平稳，确保面试官能够清晰听到并理解。

（3）内容恰当　回答问题时紧扣主题，言简意赅，避免长篇大论或离题万里。表达自己的观点和见解时，要有逻辑性，条理清晰，能够展现个人思考能力和专业素养。

（4）态度谦逊　交谈过程中保持谦逊的态度，不要过于自负或炫耀自己的成就和能力。对于不懂或不确定的问题，要诚实回答，不要不懂装懂或含糊其辞。

2．非语言礼仪

（1）眼神交流　与面试官保持适当的眼神交流，展现出自信和尊重。避免长时间盯着面试官看或目光游移不定，以免给面试官留下不礼貌或紧张的印象。

（2）肢体语言　坐姿端正，保持良好的体态和姿势，避免跷二郎腿、抖动身体等不良习惯。手势自然得体，不要过分夸张或频繁使用手势，以免分散面试官的注意力。

（3）表情管理　保持自然、真诚的表情，面带微笑以展现自信和亲和力。避免面部表情过于僵硬或夸张，以免影响交流效果。

3．交谈技巧

（1）注意倾听　在面试官讲话时，要认真倾听并给予积极的反馈，如点头或适当提问以表明你在关注。避免打断面试官的讲话或急于表达自己的观点，以免显得不礼貌或缺乏耐心。

（2）适度提问　在交谈过程中，可以适时提出一些与职位相关的问题以展现你的兴趣和关注度。提问时要注意措辞和语气，避免过于尖锐或无关紧要的问题。

（3）控制时间　注意控制交谈时间，不要长时间占用面试官的时间或过于冗长地回答问题。如果需要更多时间思考或组织语言，可以礼貌地请求面试官给予一点时间。

（4）保持积极态度　无论面试结果如何，都要保持积极、乐观的态度以展现你的职业素养和心态。对于面试官的反馈和建议要虚心接受并表达感谢。

四、道别礼仪

1）真诚感谢别人给你面试的机会。

2）如果被录用也不要过分惊喜，应向主面试官表示感谢，希望今后合作愉快。

3）若结果未知，则应再次强调你对应聘工作的热情，表示与主面试官的交谈获益匪浅，并希望今后能有机会再次得到对方进一步的指导，有可能的话，可约定下次见面的时间。

4）整理好资料，拉好椅子等。

五、面试礼仪盘点

1）不要迟到。

2）不要空话连篇。

3）不要嚼口香糖。

4）不要抽烟。

5）不要看表。

6）不要忘记取下太阳镜。

7）不要盯着人看或不看人。

8）不要反复说"您能再说一遍吗？"。

9）不要直截了当询问待遇。

10）不要为取悦面试官而伪装自己。

11）不要牵涉个人问题。

12）不要叫错别人的姓或名。

13）不要在面试期间安排其他重要的事情。

14）不要忘记把手机调静音。

15）不要随意走动或有其他小动作。

16）不要随意碰任何东西。

17）不要用气味浓的香水。

18）不要冷嘲热讽。

19）不要随意评价他人。

20）不要忘记说"谢谢"。

单元三　面试仪容仪表

　　求职者形象给面试官的印象好坏，常常关系到求职的成败。人的五官相貌虽然难以改变，但通过穿着打扮、风度气质、举止谈吐是可以改变留给他人的印象的。得体的打扮有助于树立良好的形象，增强自信心，同时还能体现出良好的素养。

　　个人礼仪也称"仪表礼仪"，是指对社会个体在仪容举止、衣着打扮等方面的具体规范。它是交际礼仪的基础，正如《礼记·冠义》中所说："礼仪之始，在于正容体，齐颜色，顺辞令。容体正，颜色齐，辞令顺，而后礼义备。"人们常说的"第一印象"，多半来自于一个人的仪容仪表。讲究个人礼仪，不仅能塑造和维护自己的社交形象，而且能通过良好的个人形象塑造组织形象，同时对整个社会风貌的净化与美化也能起到积极的作用。

　　外在形象表现在仪容仪表上，包括服装、头发、指甲、饰物等。

一、仪表妆容

　　仪表即外表，服饰是仪表重要组成部分。

求职时的着装、服饰打扮具有明显的暗示功能，从服饰的颜色、式样、档次和搭配上均可以显示一个人的爱好、文化修养、生活和风俗习惯，并显示出一个人的气质和审美情趣。

人们常说"三分长相，七分打扮"，可见容貌修饰在仪容美中的重要作用，容貌修饰主要包括以下几个方面。

（一）头发修饰

整洁的头发、得当的发型，会使人显得精神抖擞，容光焕发。

头发是外貌的重要组成部分，同时也是身体健康的外在表现。保持头发的健康状态不仅需要日常的清洁和保养，还需要注意生活习惯和饮食营养。一个人的发型须与其脸型、年龄、气质、服装及周围环境相协调，这样才能给人以整体的美感。

男性的头发长度以5~7厘米为宜。女性的发型以端庄、简洁、秀丽为好，注意别让头发遮住眼睛。

（二）面部和手部修饰

面部和手部的清洁与修饰也是仪容的重要方面。

1. 眼部

"眼睛是心灵的窗户"。注意眼睛的清洁，清洁时要避开他人，不能当人面用手绢、纸巾擦拭或用手去抠。

2. 鼻部

养成每天洗脸时清洁鼻腔的好习惯。切忌当众清洁鼻孔。毛发重的男性，如果鼻毛长出鼻孔，应注意及时修剪。

3. 嘴部

1）保持干净。不能当众剔牙、嗝牙。保持口气清新，口中不能有烟、酒、葱、蒜、韭菜、腐乳等气味。

2）避免"异响"。一般咳嗽、打嗝、打哈欠时应尽量避开他人，如果忍不住，要用纸巾捂住嘴，并向他人道歉。

3）修面剃须。男性要每天剃胡须。

4）保护嘴唇。防止嘴唇干裂暴皮，避免唇边残留饭渣。

4. 颈部

颈部与头部相连，属于面容的自然延伸部分，也是人体最易显现年龄的部位，因此应重视修饰颈部。

5. 手部

手的清洁在某种程度上也反映着一个人的精神风貌。要勤剪指甲，不留长指甲。修指甲要避开他人。

女性涂指甲油要注意场合。最好不涂红色指甲油。

6. 化妆

化妆的浓淡要掌握好。一般上班化淡妆，社交化稍浓的妆，并注意与场合相适应，化妆要用"三庭五眼"的标准，找出自己面部的缺陷来加以弥补。

化妆礼节：

1）不要在公共场所化妆或补妆。

2）需要化妆或补妆时，应到洗手间去。

3）在人口密集处，不宜使用浓香型化妆品。

4）一般不要借用他人的化妆品，以免传染疾病。

◆ **拓展阅读**

李江的口头表达能力不错，人既朴实又勤快，在业务人员中学历又高，领导对他抱有很大期望。可是他做了销售代表半年多了，业绩总没有提升。到底问题出在哪儿？原来，他是个不修边幅的人，喜欢留长指甲，指甲里经常藏着很多污垢。脖子上的白衣领常常有一圈黑色的痕迹。他还喜欢吃大葱、大蒜之类的食物。

想一想

请从礼仪角度分析小李业绩为什么上不去。

二、面试着装礼仪

时代变迁，面试着装却依然存在着一些不变的"真理"。对于刚刚跨出校园走进社会的应届生来说，还是可以允许有一些学生气的装扮。即便是名企的面试，也可以选择休闲类的套装，但还是有不少细节是需要注意的。

1. 面试着装的基本原则

（1）女性：庄重高雅 女性在面试着装上自由度相对较大。可以选择裤装或裙装套装，但如果着裙装，裙子下摆不要短于膝盖以上 5 厘米。无论什么季节和地区，如果只买一件套装，深色套装是最稳妥、最保险的。高跟鞋的高度介于 2~5 厘米较为适宜，妆容简洁，尽量减少首饰的佩戴。指甲不宜太长，指甲油可选择裸色或粉色。

夏天，一些女士会穿着丝袜，但丝袜很容易刮破，所以在面试时要多带一双，避免穿着破洞的丝袜。

（2）男性：干练大方 深蓝或黑色西装，配干净的衬衫，以及一条款式简洁的领带总是最保险的装束。如果你要应聘的是一个重视创意的行业，你的着装也可以不那么保守。还要注意鞋子的选择，其应与裤子而非上衣相搭配，袜子也应尽量与鞋子颜色保持一致。

不平整的衬衫，高腰裤和印有卡通图案的领带最容易成为男士的面试杀手。

当然，无论男女面试者都应做好梳洗工作：洗澡、必要的理发。面试前尽量不要吃味道强烈的食物，同时注意修理指甲。没有一个 HR 会对一个装扮邋遢不得体的应聘者心生好感。

◆ **知识链接**

女士面试万能着装

可选择裤装或裙装。前提是色彩要统一，不花哨，最好选择深色系，给人一种真诚稳重踏实感。如果裤/裙、小西装外套、半高跟皮鞋（不露脚趾和后跟）、手提包（不是软质地的）都为黑色，里面衬衫或打底衫可为白色或其他浅色系。要避免全身上下都是深色的，那样会太老气，女士可以用一些适当的小饰品来点缀一下。

穿裙子一定要穿丝袜，最好是接近肉色的或纯黑色的，不要带暗花纹的，以上适用办公室的职位。如果具体到某些需要展示自己个性的行业，如广告、模特等，需要根据公司和职业的特点来具体决定。

男士面试万能着装

西装最好选购整套的两件式，以主流颜色为主，如灰色、黑色或深蓝色，这样在各种场合穿着都不会失态。

职场新人不需要千篇一律选择白色的衬衫，可根据自己肤色选择淡蓝等颜色，显得更活泼更自信。如果一定要选择白色，也不要选择看起来惨白的白色，可选择带点米色的，看起来更柔和。需要注意，新衬衫一定要洗过、熨过，以消除折痕。至于领带，看面试的公司类型，可选择戴或不戴，如果不戴，切勿扣衬衫最上面的扣子。

最后总结，无论怎么穿，万变不离其宗的是在面试官前表现得专业、得体、自信。当然，要记得：微笑是求职者最好的装扮。

2. 面试着装的具体要求

（1）西装　颜色以藏青、深蓝、深灰等冷色调为主。西装外套上的口袋只是装饰性的，一般不装东西。西装讲究线条美，所以西裤必须有中折线。西裤长度以前面能盖住脚背，后边能遮住 1 厘米以上的鞋帮为宜。不能随意将西裤裤管挽起来。纽扣系法也是有讲究的，双排扣的上衣，纽扣要全部系好；单排扣的上衣，三粒扣的系中间一个或上面两个，两粒扣的应该系上面的一个扣，单粒扣的一定要系好。

【禁忌】在面试时尽量不要选择紧身西服和韩版亮色西服。

（2）衬衫　穿长袖衬衫，以白色为主，米白、乳白或淡蓝色为佳，可有细条纹或暗条纹。衬衫领子要挺括，下摆要塞在裤腰内，扣好纽扣。衬衫领口和袖口要长于西服上装领口和袖口 1~2 厘米，衬衫里面的内衣领口和袖口不能外露。如果西服本身是有条纹的，应搭配纯色的衬衫，如果西服是纯色的，则衬衫可以带有简单的条纹或图案。衬衫的第一粒纽扣，穿西装打领带时一定要系好，不打领带时要放开。

【禁忌】衬衫颜色太过花哨，如粉红色；衬衫肮脏、褶皱、破损、掉扣等。

（3）领带 领带是男士着装时最重要的饰物，俗话说："女人的衣服，总少一件；男士的领带，总少一条。"职业男士在选择不同的西装时也要搭配不同的领带，作为西装的灵魂和焦点，一定要懂得领带的搭配，否则不仅没有发挥好领带的作用，反而有失风雅。

黑色西服：搭配银灰色、蓝色调或红白相间的斜条领带，显得庄重大方，沉着稳健。

暗蓝色西服：搭配蓝色、深玫瑰色、橙黄色、褐色领带，显得纯朴大方，素净高雅。

乳白色西服：搭配红色或褐色的领带，显得十分文雅，光彩夺目。

中灰色西服：搭配砖红色、绿色、黄色调的领带，别有一番情趣。

米色西服：搭配海蓝色、褐色领带，更能显得风采动人。

（4）丝巾 女性可以没有昂贵的钻石或时装，但一定要拥有适合自己气质的丝巾。丝巾的轻盈飘逸和柔亮光泽可以衬托女性柔美气质。丝巾如同神奇的法宝，能使整体时尚度顺利晋级。

丝巾根据尺寸，可以分成方巾和长条巾两种。其中小方形丝巾多受女士的欢迎，因为其造型规整，较易处理，一直被许多女性喜爱。

（5）皮带 皮带应该和鞋子相匹配。因此，蓝色、黑色或灰色西装需要和黑皮带和黑鞋子搭配，而棕色、棕褐色或米色的西装应配棕色的皮带和鞋子。至于皮带的材料则应使用皮质的。

（6）口袋 无论是两件套或三件套西服，其上衣和西裤口袋应不装东西。

（7）鞋袜 按照西装的着装要求，应穿与裤装颜色匹配的皮鞋，并保持鞋面清洁锃亮。旅游鞋或长靴等不宜在正式场合穿。

◆ 知识链接

量体穿衣方案参考

（1）个子矮小的人 可利用单一颜色衣服能使人"变高"的视觉效果，选择与上衣同色的裤、袜、直筒裙等都有视觉增高的作用。不宜选择上下身颜色对比强烈及大花布或格子衣料，会让人看上去更矮、更胖。

（2）个子高瘦的人 宜选择色彩鲜明的样式，格子布在视觉上有减低身高使人丰满的作用。女士可穿长及小腿中部的A字裙、横间条的衣服。浅色、粗厚的布料，宽大的领子，灯笼袖等设计都适合这种体型的人。不宜从头到脚都穿深色的服装及过于紧身、过于宽松的服装。

（3）个高而胖的人 色彩宜以冷色调为主，款式尽量简洁、清雅。选择单色或直条纹的料子，V形领，长背心，宽长的衣袖设计都能产生高瘦的效果。

◆ **拓展阅读**

　　小佳要参加服装公司的面试，应聘销售助理一职。为了给面试人员留下好的印象，她格外注重自己的衣着打扮：特意事先买了一件时尚品牌的花连衣裙，烫了满头的大波浪卷。

　　小佳早晨起来，开始打扮自己，在头发上喷了厚厚的发胶做定型，抹了厚厚的一层亮肤粉底，为自己挑了流行的紫色眼影，又涂了大红色的口红。接下来，她开始给指甲涂上闪亮的颜色，还饶有兴致地贴了几颗小水钻，抓起桌上的长耳环戴上，又在脖子上挂了一串吊满各种装饰的饰品。她得意地晃着头，听着耳环叮当作响的声音，自觉形象时尚靓丽。穿上花连衣裙和黑丝袜，又照了半天镜子，这才拿起色彩艳丽的大布包，像一只花蝴蝶似的飞出了门。

　　到达服装公司后，她站在面试间外，开始与周围的人闲聊起来，丝毫没有注意周围的人不满的表情。进入面试间后，她没等面试官许可就直接坐在了预备好的椅子上，跷起二郎腿，一副势在必得的样子。当面试官问话时，她不停地摆弄自己脖子上的挂饰，饰物不时发出清脆的碰撞声。回答面试官的问题时，对没准备好的问题，她支支吾吾，犹豫不决，用口头语拖延时间。

　　想一想

　　小佳的面试能够成功吗？如果不能，你认为她应该在哪些方面进行改正？

➲ 实训项目

　　实训任务：面试礼仪训练。

　　实训目标：通过实训，学生能够充分认识到礼仪在面试中的重要性，并掌握着装与仪表规范、面试现场行为准则、交流与表达技巧、礼貌用语与体态及面试结束礼仪等方面的知识和技能。

　　实训准备：

1. 查阅面试礼仪相关书籍、视频等资料，了解面试礼仪的基本要求和注意事项。

2. 准备实训所需材料，如镜子、衣物、化妆用品等。

3. 确定实训时间和地点，确保场地布置整洁、舒适。

　　实训内容：

1. 学生需按照实训目标，认真参与各项实训活动，积极学习并掌握面试礼仪相关知识。

2. 学生在实训过程中需注重仪表整洁、着装得体，展现良好的个人形象。

3. 学生应遵守面试现场行为准则，如保持安静、遵守时间等。

4. 学生应积极参与交流与表达技巧的练习，提升自己的沟通能力。

5. 学生需熟练掌握礼貌用语与体态，以展现自己的专业素养和礼貌修养。

考核评分表

考核项目	考核要求	分值	得分
礼仪重要性认识	学生是否认识到礼仪在面试中的重要性	20	
着装与仪表规范	学生的着装是否得体、整洁，仪表是否端庄	20	
面试现场行为准则	学生在面试现场是否遵守行为准则，如保持安静、遵守时间等	20	
礼貌用语与体态	学生是否熟练使用礼貌用语，体态是否得体	20	
面试结束礼仪	学生在面试结束时的表现，如感谢语、离场方式等	10	
实训活动总结	学生对本次实训活动的总结与反思，形成改进方案	10	

⊃ 模块小结

通过本章的学习，学生能够了解面试礼仪的重要性。学生要从日常生活开始，注意自己的仪表仪态，把礼仪知识学以致用。也应认识到：在交往中，应注意适当修饰自己的仪容，美化自己的仪态。

⊃ 问题与讨论

1. 案例分析

某男同学不注重仪表形象，一天接到通知赶去面试，出门前没照镜子，头上有许多头屑，头发又脏又乱，穿着校服，领口大敞，交资料时手指的指甲缝里全是油泥，鼻毛在鼻孔之外随风飘摇。结果面试失败。请分析这位同学面试失败的原因。

2. 结合课堂讲授的面试礼仪，加以训练，并将自己不同的坐姿和站姿用相机拍摄下来，互相比较分析，找出优点和不足。

模块五　形象塑造

⊃ 学前导读

　　人体既充分具有美之两种要素，外有微妙之形式，内具不可思议之灵性，合物质美之极致与精神美之极致而为一体，此人体之所以为美中之至美也。

——（中国画家）刘海桑

　　形象塑造是一个人展现出来的整体风采，它既能显示出一个人的容貌、谈吐、修养与个性等内在形象，又通过服饰、妆容、发型、装饰等展示外在形象，而良好的形象塑造更需要后天的培养。在不同的场合进行合适的穿着及整体性形象的塑造，是当代大学生初入社会的必修之课。

　　下面从形象设计、服装设计、职业气质等3个方面介绍大学生初入社会的形象塑造。

⊃ 学习目标

知识目标

1．了解个人形象塑造的概念及意义。

2．掌握服饰色彩的基础知识及运用。

3．掌握职业气质的培养应具备的条件。

能力目标

1．让学生走出校园能够更好地融入社会，无论是气质上的塑造还是服饰及装饰的塑造，都能体现出相应的职业素养。

2．能根据自身的体貌特征，独立完成自我的职业气质塑造。

素养目标

　　良好的形象塑造既能展示出职场的自信，也能展示对他人的尊重。通过形象塑造，丰富学生精神内涵，塑造学生内外整体形象气质。

单元一 形象设计

这是一个两分钟的世界，你只有一分钟向人们展示你是谁，另一分钟让他们喜欢你。

——英国形象大师罗伯特·庞德

英国形象大师罗伯特·庞德这句名言说的就是第一形象的重要性。面试时，两分钟的时间不足以让你出示自己的成绩单、学历证书及各种能证明你的学识和能力的材料；洽谈业务时，两分钟的时间也不够向客户展示产品的优良品质及功能。但是整体形象的塑造足以让对方在两分钟内形成第一印象，人们已经在两分钟之内对你做出了评判，并且决定了是否给你机会进行进一步的了解。

在两分钟时间里，人们几乎完全根据自己看到的事物所形成的印象进行判断。糟糕的第一印象会让你丧失潜在的合作机会；相反，美好的第一印象会帮你打开机遇的大门，为以后的成功打下坚实的基础。不管人们承认与否，第一印象总在决策中起主导作用，而给别人留下什么样的第一印象，形象设计、衣着装扮是否得体往往起着决定性的作用。

个人的形象管理，体现了高标准的自律，可以帮助你优雅地展现自己，保持在各种场合下镇定自若的心态。成功的形象设计，能给人们带来积极的正能量，如自信、尊严、力量等。

一、形象设计的概念

形象设计是针对人的外形特征进行视觉传达的表现方式，属于艺术与设计的交叉学科；是针对每个人与生俱来的人体色基本特征和人的面容、身材、气质及社会角色等各方面综合因素，通过专业诊断工具，测试出最佳色彩范围与风格类型，找到最合适的服饰色彩、发色、彩妆色、服饰风格款式、搭配方式，并根据个人的社会角色需求、职业发展方向和场合规则要素来建立和谐完美的个人形象。

二、形象设计的作用与意义

（一）首因效应

首因效应由美国心理学家洛钦斯首先提出，也叫首次效应、优先效应或第一印象效应，指交往双方形成的第一次印象对今后交往关系的影响，即"先入为主"带来的效果。虽然这些第一印象并非总是正确的，但却是最鲜明、最牢固的，并且决定着以后双方交往的进程。如果一个人在初次见面时给人留下良好的印象，那么人们就愿意和他接近，彼此也能较快地取得相互了解。反之，对于一个初次见面就引起对方反感的人，即使由于各种原因难以避免与之接触，人们也会对之很冷淡，在极端的情况下，甚至会在心理上和实际行为中产生与之对抗的状态。

（二）信息传递

一个人的形象设计，可以透露出很多信息，如对色彩的搭配、服饰及饰品的选择、妆容的淡雅或浓厚、言谈之举的语气语速等，都时刻透露着个人品位及气质。

其中衣着品位更能体现出有关个人的若干信息，如年龄、社会地位、经济实力乃至人生观和价值观。

（三）增强自信

良好的形象塑造会为自己增强自信心。在生活中，我们可以看到大多数白领上班都会身穿职业装，妆容淡雅，除了树立个人形象外，也在一定意义上提升了个人自信。

◆ **知识链接**

中国外交部发言人形象展现中国力量

近几年，中国外交力量不断增强，中国外交部发言人的整体形象也充分展现了中国力量。"谦谦君子，似玉儒雅"是公众对汪文斌的第一印象。然而，当他站在外交部的发言台上时，他的儒雅中更是多了一份坚定气场，该坚持的立场寸步不退，该守护的山河寸土不让。

2022年3月，在东航客机失事后的例行记者会上，汪文斌佩戴了一条黑色领带。一名记者提问领带的意义，汪文斌眼含泪花，言语平静地答道："不需要我跟你多说了吧？下一个问题吧。"一个无声的细节，一句克制的回答，寄托了他对遇难同胞沉重的哀思，也体现了他沉稳冷静、大气得体的君子气度。除他之外，还有很多优秀的外交官如华春莹，展现出刚柔并济的外交气质；赵立坚，有着幽默而锐利的语言风格等。中国外交部发言人无论是发型、妆容、穿着还是气场气质，都为中国外交赢得了满分。

三、形象设计的构成要素

（一）人体色要素

在形象设计中色彩设计要与个人头脸部的固有色彩相协调，这些固有的人体色包括毛发的颜色、瞳孔的颜色、皮肤的颜色、嘴唇的颜色等。我们应综合考虑头脸部的色彩特征，通过科学分析，找到适合的色彩群，以之作为主要的设计基础。每个个体的人体色都有细微的差别。我们的眼珠色、毛发色等身体色特征都不同，在形象设计中，综合考虑个体的人体色特征，是形象设计的基础环节。

1. 皮肤的颜色

中国人有自己独特的皮肤颜色特征，肤色微黄（专业上叫米色调），大体可分为浅米色、米色、浅桃色、棕色、米黄色、橄榄米色、玫瑰米色。

我们的肤色不但有明暗、色彩的区分，还存在冷暖色调的变化。皮肤呈现暖色调时颜色偏黄、橙、红；皮肤呈冷色调时，偏蓝、紫色。要想综合这些颜色，达到更好的形象设计效果，需要掌握一定的色彩互补知识。

2. 眼睛的颜色

我们每个人的眼睛可以分为眼球色和眼白色。亚洲人的眼球色几乎都是棕色的，有时接近黑色。但无论是浅棕色、黄棕色或深棕色，都属于中性色。

3. 头发的颜色

大多数亚洲人头发的颜色呈现浅棕色、深棕色和黑色。生活中常见肤色呈暖色调的人往往发色乌黑亮泽，肤色呈冷色调的人往往发色浅一些。

4. 嘴唇的颜色

每个人的嘴唇呈现出来的颜色是不一样的：有的呈现偏紫红的颜色，称为冷色；有的呈现橙红的颜色，称为暖色。而嘴唇的颜色能够很快进行修饰和改变。很多白领女性可能不会经常涂抹粉底霜和描画眼线，但几乎都会有几支不同颜色的口红。嘴唇颜色的改变，能够让面部迅速有色彩，同时具有提亮面部肤色的功效。

（二）体型要素

体型要素是形象设计诸要素中最重要的要素之一。完美的体型固然要靠先天遗传，但后天的塑造也是相当重要的。体型是很重要的因素，但不是唯一的因素，只有在其他诸要素都达到统一和谐的情况下，才能得到完美的塑造。

1. 标准身材

成功的体型弥补方法就是让身材看上去接近标准型身材。色彩修正是较为容易的方法之一。在适合一个人的色彩群中，有立体色，也有收缩色，一般情况下，纯度高的颜色带给人膨胀的感觉，纯度低的颜色带给人收缩的感觉；明度高的颜色带给人膨胀感，明度低的颜色带给人收缩的感觉。除此之外，通过人体比例进行服饰的选择也很重要。图 5-1 所示为标准身材。

2. 梨形身材

身材特征：肩部窄，腰部粗，臀部大。

色彩上弥补方法：胸部以上用鲜艳的颜色，使视线忽略下半身。注意事项：上半身和下半身的用色不宜强烈对比。在服饰上的弥补方法：上半身作为穿搭重点可以精致小巧，下半身作为修饰可搭配宽松些。图 5-2 所示为梨形身材。

3. 倒三角形身材

身材特征：肩部宽，腰部细，臀部小。

色彩弥补方法：上半身色彩要简单，尽量选择偏浅的色彩，下半身偏深色，腰部周围可以用对比色。在服饰上的弥补方法：可以上半身穿紧致的衣服，下半身的衣服可以宽松些，让上下视觉达到一个平衡点，图 5-3 所示为倒三角形身材。

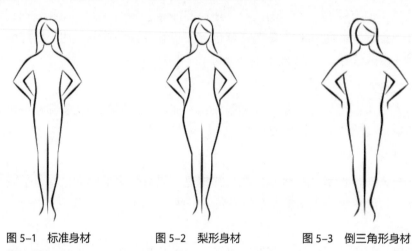

图 5-1　标准身材　　　　　图 5-2　梨形身材　　　　　图 5-3　倒三角形身材

（三）化妆要素

"淡妆浓抹总相宜"，淡妆高雅、随意，彩妆艳丽、浓重。施以不同的化妆，与服饰、发式和谐统一，将更好地展示自我、表现自我。化妆在形象设计中起着画龙点睛的作用，如工作中，常见的淡妆偏多，给人以落落大方的高雅之感，此时若采用浓妆就会给人以不庄重、肤浅之感。如果我们参加晚会，淡妆在舞台灯光或强光下就不太出彩，而适合的浓妆就会恰到好处，更显气质。

（四）发型要素

随着科学的发展，美发工具的更新，各种染发剂、定型液、发胶层出不穷，为塑造千姿百态的发型提供了可能性，而发型的样式和风格又将极大地体现出人物的性格及精神面貌。另外，发型的款式也具有修饰脸型、扬长避短的作用。找到适合自己的发型，会让人看着更加精神，如直发和刘海会让人显得年轻，卷发显得成熟，盘头、马尾、编发等不同的发型都会给人带来不同的感受。

（五）服装要素

服装设计在人物形象设计中占据着很重要的地位，因此，也是形象设计中的重头戏。选择的服装款式、比例、颜色、材质，要能体现人物的年龄、职业、性格、时代、民族等特征。

（六）饰品要素

饰品的佩戴需要根据服装的风格、出席的场合等因素进行合理恰当的选择。饰品的种类很多，包括颈饰、头饰、胸饰、帽子等，都是人们在穿着服装时最常用的。由于每一类配饰的材质和色泽不同，设计出的造型也千姿百态，要选择能恰到好处地点缀服饰和人物造型的。合适的饰品能使平淡增添韵味。

单元二 服装设计

从古至今，着装不仅体现一种社会文化，也体现了一个人的文化修养和审美情趣，是一个人身份、地位、内在素养的整体体现。莎士比亚说："一个人的穿着打扮，是他自身教养最形象的说明。"英国前首相丘吉尔说："穿着是最好的名片。"从某种意义上说，服饰是一种艺术，服饰所传达的情感、意识与含义是语言所不能代替的。

◆ **知识链接**

独特的外交服饰打造中国新名片

2021年4月9日，"全球外交官中国文化之夜"在北京中国大饭店盛大开幕。来自160多个国家驻华大使馆的400多名外交官，以及国际驻华组织等机构的各界精英和企业家们欢聚一堂。不同的服装华光流彩，不同的语言相互交流，不同的文化相互融合，大家完全沉浸在中外友谊的热情氛围之中。

晚会上，吉梦达品牌创始人、外交官形象设计师李熙坤女士受邀出席，并为全球外交官中国文化之夜组委会主席、秘书长进行整体形象设计及服装服饰设计。

外交礼仪文化服装是外交的先行载体。李熙坤女士对于外交礼仪文化服饰的设计理念是"衣以载道"——将承载传统文化的中国符号和代表异域文化的国外特色及美学等元素融入服饰中，突出"利他在先、和谐之美、以人为本"的设计宗旨。

本次晚会组委会主席的整体形象以吉梦达新中式祥云旗袍为主，以祥云搭配海水江崖纹和万丈金光纹。海水江崖纹寓意着世界各个国家和经济体山水相依，民心相通，互相守望，民心共振；多颗宝石以真丝贯穿胸前，形成路状，寓意以民间交往弘扬丝路精神，增进人文交流，促进多边合作。

晚会组委会秘书长的整体形象以吉梦达外交官祥云服为主，搭配祥云立领衬衫及祥云领结。祥云立领衬衫开创性地将长城图案作为衣领设计，寓意着江山永固和万里长城永不倒的坚强精神；领口的祥云领结将中华元素完美地同西式领结相结合，展现了中华文化的包容并蓄。

本次整体外交服饰设计用中国工匠精神、中国元素、中国智慧，讲好中国故事，传播中华文明。

一、女性职业装设计

女性职业装总体上可分为三类：西装套裙、西装套裤、连衣裙。

（一）常见的职业套装

1. 西装套裙／套裤

西服套裙／套裤是女性标准的正装着装，可塑造出专业形象。女式正装上衣讲究平整和挺括，较少使用饰物和花边进行点缀，穿着时要求纽扣应全部系上，双排扣的也应全部系好，包括内侧的纽扣。裙子的长度最短在膝盖上缘，最长不超过小腿肚。

西装套裙／套裤的最佳颜色是黑色、藏青色、灰褐色、灰色等，容易搭配，以具有权威性、信任度的沉稳颜色为主，参加庆典等特殊场合也可以选择暗红色、樱红色等符合气氛的颜色。

总体来说，西装套裙／套裤面料应当匀称平整、柔软、挺括，不仅弹性、手感要好，而且应不起皱、不起毛、不起球。此外，上衣、裙子和背心的面料应当一致，这样才会给人浑然一体的感觉。西装套裙／套裤如图 5-4 所示。

图 5-4　西装套裙／套裤

2. 衬衫的搭配

1）衬衣颜色可选择白色、米色、粉红色等单色，也可以是其他色彩，包括流行色在内，只要不过于鲜艳，或不与套裙相斥，都可以选择。也可以有一些简单的线条和细格图案。

2）应使衬衫的色彩与套裙的色彩搭配：外深内浅或外浅内深，以形成深浅对比。

3）衬衫的最佳面料是棉、丝绸等。

4）衬衫的款式要简洁，最好不带花边和皱褶。

5）穿衬衫时，衬衫的下摆必须放在裙腰之内，不能放在裙腰外，或把衬衣的下摆在腰间打结。

（二）服饰配件

1. 首饰

一般来说，职场女性上班时的着装打扮都比较端庄大方，职位越高的女性，穿衣打扮越趋向于清雅。因此，职场办公环境中佩戴的首饰要保证素雅，搭配颜色不宜过多，以同色或颜色协调为宜。整体配饰以简洁为宜，不要一动就互相碰撞，发出声响，也不要过于闪耀。职场配饰要的是不经意的精致感，如果过于夸张和刻意，反而适得其反，给人留下浮夸、不专业的印象。

2. 丝巾

丝巾在女性服饰搭配中起着举足轻重的作用，职场女性在使用丝巾时首先要注意材质、尺寸、色彩；其次是正确的佩戴方式，这样职业装就有了点睛之笔。

（1）丝巾的材质

1）丝绸丝巾。丝绸制成的丝巾富有光泽，看起来非常漂亮，且富有垂感，适合在正式场合佩戴。

2）棉质丝巾。棉质丝巾透气、吸汗，最适合在春夏季节佩戴。具有民族风情的长丝巾特别适合休闲打扮。

3）麻质丝巾。盛夏时节，麻制丝巾最受欢迎，不仅舒适，看起来也相当清爽，非常适合与夏装搭配。但是麻制丝巾很容易起皱，所以在佩戴的时候要多加注意。

4）化纤丝巾。聚酯、丙烯腈和尼龙等化学纤维制成的丝巾价格较低，因而非常普及。这类化学纤维制成的丝巾保养方法各不相同，选购时注意确认一下丝巾的材质。

（2）选择与脸型相配的丝巾

1）圆脸型的人应选择的丝巾。圆脸型的人要想让脸部轮廓看来清爽一些，要将丝巾下垂的部分尽量拉长，强调纵向感，并注意保持以头至脚的纵向线条的完整性，尽量不要中断。系花结的时候，选择那些适合个人着装风格的系结法，如钻石结、玫瑰花结、平安结等，避免在颈部重叠围系、过分横向以及层次质感太强的花结。

2）方脸型的人应选择的丝巾。两颊较宽，额头、下颌宽度和脸的长度基本相同的方脸型的人，缺乏温柔的感觉。系丝巾时尽量做到颈部周围干净利索，并在胸前打出些层次感强的花结，再配以线条简洁的上装，演绎出高贵的气质。

3）倒三角脸型的人应选择的丝巾。从额头到下颌，脸的宽度渐渐变窄的倒三角脸型的人，给人一种严厉的印象和面部单调的感觉。此时可利用丝巾让颈部充满层次感，若用华贵的系结款式，会有很好的效果，例如，带叶的玫瑰花结、项链结、青花结等。

注意减少丝巾围绕的次数，下垂的三角部分要尽可能自然展开，避免围系得太紧，并注重花结的横向层次感。

4）长脸型的人应选择的丝巾。左右展开的横向系法能展现出飘逸感，并减弱脸部较长的感觉，如百合花结、项链结、双头结等。另外，还可将丝巾拧转成略粗的棒状后，系出蝴蝶结状，不要围得过紧，尽量让丝巾自然下垂，渲染出朦胧的感觉。

（3）丝巾打法的选择

1）玫瑰花结。先抓住两个角，打两个结，再将没打结的一个角从中间穿过，与另一个没打结的角拧麻花两次，再从中间穿出拖拽拉扯，图5-5所示为玫瑰花结的打法。

2）平安结。两个角对折，卷成长条，长短交叉，长边在上短边在下，将长边从里面绕过脖子，向右绕过另一条边，从中间穿过，图5-6所示为平安结的打法。

3）钻石结。丝巾两角对折，卷成长条；长端绕手转一圈，从中间穿过；两边拉拽形成宝石形状；将丝巾两端长边和短边交叉，长边在上一端从里面穿出，另一个边从前面绕一圈，从中间的交叉洞穿出，图5-7所示为钻石结的打法。

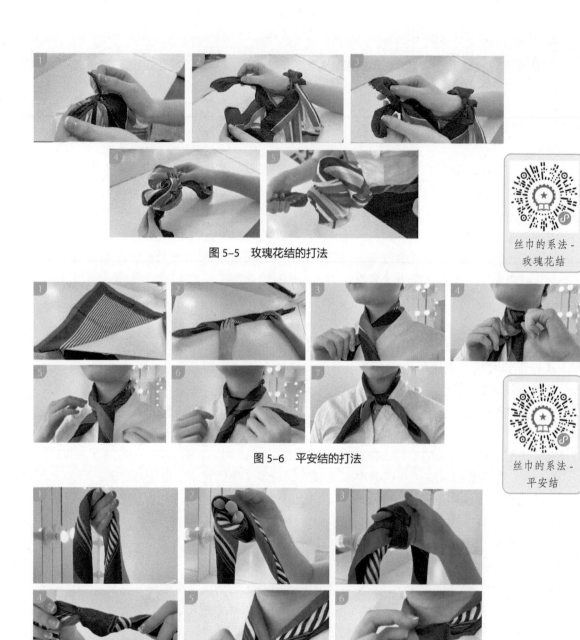

图 5-5　玫瑰花结的打法

图 5-6　平安结的打法

图 5-7　钻石结的打法

丝巾的系法 -
玫瑰花结

丝巾的系法 -
平安结

丝巾的系法 -
钻石结

3. 袜子

女士穿裙子应当配长筒袜或连裤袜，颜色以肉色、黑色最为常用。肉色长筒袜配长裙、旗袍最为得体。不可在公共场合整理长筒袜，而且袜子口不能露出，否则会很失礼。不要穿带图案的袜子。应随身携带一双备用袜，以防袜子拉丝或跳丝；如果穿西裤的话，切记不要光脚穿鞋，这是对别人的一种不尊重，应该先穿丝袜再穿鞋。

4. 鞋子

传统的皮鞋是最畅销的职业用鞋，其穿着舒适，美观大方。女士的高跟鞋建议鞋跟高度为3~4厘米，正式的场合不要穿凉鞋、后跟用带子系住的鞋或露脚趾的鞋。鞋的颜色应与衣服下摆一致或再深一些。衣服从下摆开始到鞋的颜色一致，可以使人显得高一些，如果鞋是另一种颜色，人们的目光就会被吸引到脚上。推荐中性颜色的鞋，如黑色、藏青色、暗红色、灰色或灰褐色，不要穿红色、粉红色、玫瑰红色和黄色的鞋。

5. 手提包或手提箱

手提包和手提箱最好是用皮革制成的。手提包上不要带有设计者标签，不宜太过花哨，最实用的颜色是黑色、棕色和暗红色。也可根据当天的服饰进行搭配，包不宜过小，以能放入一些工作文件为最佳。

二、男性职业装设计

在正式的商务场合，一身西装对于男士来说最为合适。

（一）男士西装的选择

1. 款式

西装的款式也很有讲究，常见的款式有三种：

（1）美式西装 美式西装肩型自然，较为宽松，领型略大，扣位偏低，略有叉腰，后摆单开衩。美式西装给人的整体感受就是潇洒、奔放。由于版型相对其他风格较大，穿起来会比较宽松与舒适，美式西装最适合自然风格的人穿着，可以体现出休闲的感觉。

（2）意式西装 意式西装整体的特点比英式西装、美式西服多了一丝夸张和大气，同时也有浪漫的自由之感，但整体看起来更为高贵和优雅。意式西装最大的特点就是薄的垫肩和内衬，也很修身，尤其是意式西装的垫肩，相对比较圆润自然。上衣偏长，没有开衩，双排扣样式居多。

（3）英式西装 英式西装可谓是最传统的西装，在版型方面强调的是合身，总体穿出来的感觉是经典、传统。英式西装一般有着明显的肩部线条，通常会采用垫肩来塑造肩型，以此来营造挺括之感。英式西装注重线条感，通常为单排三粒扣、平驳领、自然收腰、衣襟下端开口，做工精细，不花哨，通常适合在企业会议、拜访客户等场合穿，既能突显正式感又不会显得很强势。

2. 面料

选择男士西装的面料时，应考虑舒适性、弹性和保护性，以便选择最合适的。

（1）棉面料　棉面料是一种常用的男士西装面料，它具有舒适、柔软、结实等优点，是男士西装的最佳选择。棉面料的表面比较光滑，触感及穿着舒适，不容易起皱。

（2）羊毛面料　羊毛面料是另一种常用的男士西装面料，它具有轻薄、透气、保暖等优点，还具有良好的弹性，可以让穿着者轻松自如；它的表面光滑，不容易起皱。

（3）锦纶面料　锦纶面料具有轻便、耐磨、耐洗等优点，具有良好的抗拉强度和弹性，可以让穿着者轻松自如。

3. 颜色

职场西装以深色为主，显得稳重，主要以藏蓝色、深灰色为首选，黑色西装虽然也比较百搭，但更适合肤色较深、发色较深的男性。对于肤色较浅、发色较浅的人（栗子色），黑色并不是最佳选择。

4. 纽扣

（1）单排扣西装　一粒扣西装不是职场主流，扣上比较端庄。两粒扣西装是男士西装的基础式样，穿着时只系上面一颗即可。三粒扣西装是最为正式的西装款式，一般有两种扣法：一是扣上面两颗扣子；二是只扣中间的扣子。

（2）双排扣西装　最上面的两颗纽扣仅具有装饰作用，只扣下方的一颗就可以了，这是为了把腰线放低。

男士在扣西装扣子时，有"站时系扣，坐时解扣"的说法，即起身站立时，纽扣需要系上，以示尊重。就座之后，最下方纽扣需要解开，以防西装走样。

（二）服饰配件

1. 领带

（1）面料　领带的面料主要有真丝和涤丝两种，但以真丝为最优。外形要美观平整，无跳丝、无疵点、无线头。

（2）颜色　常见的纯色领带主要以深色为主，如深蓝色、深灰色、深红色、黑色、酒红色等。尽量不要选择太花哨的颜色，主体颜色不要超过3种。若有花纹，多以小方格、斜条纹、圆点等图案为主。

（3）领带的打法

1）温莎结。因温莎公爵而得名的领带结是最正统的领带系法，打出的结呈正三角形，饱满有力，适合出席正式场合。切勿使用面料太厚的领带材质，图5-8所示为温莎结的打法。

首先，将衬衣领子立起来，把衬衣扣全部扣好，将领带挂在脖子上，领带短头放左边，较长的一边放右边。一般左边的长度和右边的长度比为1:3，也可根据每个人的具体身高进行调整，保证领带打好后，领带的底部在皮带扣的位置。右边领带压住左边领带交叉，将右边领带从中间拽出，然后从后面绕到左边再从前方绕到右边，绕着领带扣打一圈，从正前方扣中穿过并拉紧，然后继续重复刚才的动作，这次从前面穿出并整理。

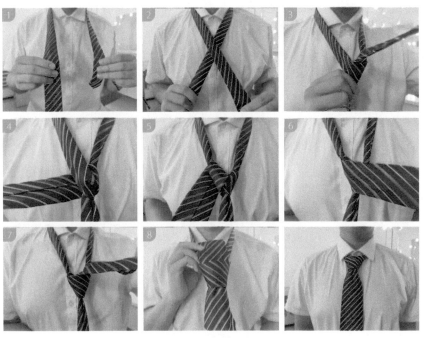

领带的打法 - 温莎结

图 5-8　温莎结的打法

2）平结。右边领带压左边交叉，将右边领带从后面绕一圈，从中间穿出，再穿过正前方扣中拉紧，图 5-9 所示为平结的打法。

领带的打法 - 平结

图 5-9　平结的打法

2. 皮鞋

鞋子面料以磨砂或反光皮面为佳。颜色一般为黑色或棕色，同时最好与公文包及腰带颜色相搭配，整体和谐。

3. 腰带

腰带颜色以黑色为主，也可以选择栗色或棕色腰带，尽量与公文包和皮鞋保持一致，材质也尽量保持一致。腰带扣尽量简洁，不要将明显的商标显露在外。

4. 公文包

应选用国际公认的规格，传统的长方形手提包为优，材质尽量以黑色或深棕色的皮包为主，简洁大方，外表杜绝一切花哨的图案或显眼的商标。

单元三　职业气质

一、气质与形象

（一）气质与形象的内涵

1. 气质

气质指人的有关外部行为、形态所传递的信息，人们的感官可以捕捉到，但不如形象那样具体和直接。

气质是通过人的仪容、仪表、言谈举止等传达出的一种特殊的感觉，是一个人心理活动的动态性特征，因而可以使每个人的心理活动都染上一种个性色彩。气质不仅表现在人的情感活动的强弱、快慢、隐现及意志行动的力量、速度上，还表现在人的思维灵活或迟滞程度上。在现实生活中，人们总是在不知不觉中关注、评价、追求、塑造气质，并将其充分展现出来。

气质无好坏善恶之分，每一种气质都有其积极的一面，也有其消极的一面，气质本身不能决定一个人社会成就的高低。每个职业领域中都可以找到各种不同气质类型的代表人物，同一气质类型的人在不同的职业领域也能各展所长。

2. 形象

形象指一个人仪表的具体外在表现。这里所说的形象，主要是指个人形象，即一个人的外表或容貌，它是一个人内在品质的外部反映，能够体现人的内在修养。形象可以通过视觉进行捕捉，人们常用高大或矮小、靓丽或丑陋、整洁或肮脏等词语来形容它，非常直观、易懂。

（二）气质与形象的表现

人的形象是统一的、整体的，它不仅体现在人的五官、身材等自然条件上，还可以通过发型、化妆、服饰搭配等形象上的设计与包装进一步将人的内在美与外在美完美结合，以体现人体美的整体性、协调性和统一性。因此，评价一个人的形象除了要观察其外貌，还要考虑其职业、年龄、身份、所处场合等诸多因素。

形象和气质与人的外在表现相辅相成，形象的好坏直接影响气质的表现。但气质是高于形象的，它除了可以体现一个人外表的美感外，还可以体现在举手投足间。一个人的内在气质和心态在一定程度上反映在仪表上。因此，要想有好的仪表美就必须经过良好的教育与培训。有时，一个人的姿态和举止比穿着打扮更能体现气质。

虽然形象直接影响人的气质，但并不能起到决定性作用。例如，有些人虽然相貌一般、衣饰普通，但在人际交往中却能因其所具有的内在美与亲和力而博得大家的赞赏；有些人虽然年轻貌美、衣着华丽，却因谈吐粗俗、举止不雅而遭人鄙夷。

气质的类型多种多样，如有的人性格活泼、开朗，学识广阔，潇洒大方，表现出聪慧的气质；有的人性格稳重，谈吐不凡，温文尔雅，表现出高雅的气质；有的人性格直率，心直口快，豪放、健谈，表现出粗犷的气质；有的人性格温柔，言语细腻，仪态端庄，表现出恬静的气质等。气质的类型受个体所处环境及心理素质的影响，也受教育水平，或长期的生活、学习、工作习惯等因素的影响。无论何种气质，都是以人的文化修养、思想道德、人格取向、文明程度、生活方式为基础的，同时还与个人对生活的态度有关。

二、职业形象的内涵

（一）职业形象的概念

职业形象指在职业场合中人的内在气质的外部表露。人的内在气质是一种心理特征，虽然无法看见，却能通过仪表、举止、言谈反映和表露出来，从而综合展现一个人的形象，显示一个人的情操、学识、阅历、修养和风度。一个人的职业形象应是高尚的情操、渊博的知识、丰富的阅历、良好的教养、优雅的风度的集合，可以说它集中反映了一个人的精神文化修养。

（二）职业形象的具体内涵

1. 内在职业气质与外部职业形象

一方面，如果没有美好的气质，个体就不可能有良好的形象。例如，一位没有文化、没有修养的女士，即使打扮得珠光宝气，也无法塑造雍容华贵、高雅大方的形象。另一方面，有了美好的气质，并不等于就有了好的形象。一个人的形象不是天生的，而是靠后天自觉培养出来的。因此，对个体形象的塑造既要强调完善气质，又要强调自觉培养，要从点滴做起，并严格要求自己。

2. 精神文明和物质文明与形象塑造

精神文明与物质文明对形象塑造有着深刻的影响。随着物质文明的不断提高，人们素养也在不断提升，也就是所谓的"衣食足而知礼仪"。随着精神文明和物质文明的发展，形象塑造的要求也会越来越高。

3. 传统形象与外来形象

一方面我们要继承和发扬我国的优秀文化，从文化中延续传统形象；另一方面要正确吸收国外先进的职业理念，形成以我为主、博采众长，具有中国特色的职业形象特征。

（三）职业形象的构成要素

职业形象的构成要素大致可以分为职业意识、职业道德、职业气质和职业技能。

1. 职业意识

职业意识是人们对职业劳动的认识、评价、情感和态度等心理活动的综合反映，是支配和调控全部职业行为和职业活动的调节器，包括创新意识、竞争意识、协作意识和风险意识等。职业意识是通过法律法规、行业自律、规章制度及企业文化来体现的。职业意识具有社会共性，是一个人从事某项工作的最基本的要求，必须时刻牢记和进行自我约束。

2. 职业道德

职业道德是与人们的职业活动紧密联系的、符合职业特点所要求的道德准则及道德情操、道德品质的总和，既是对本职人员在职业活动中行为的要求，又是职业对社会所承担的道德责任和义务。职业道德是职业形象的重要精神内核，直接体现了职业人员精神境界的高低和职业意识的强弱。

3. 职业气质

根据通用职业分类规范，职业气质可以分为以下几种：

（1）变化型　具有变化型职业气质的人会在户外活动或新的工作环境中感到愉快，他们喜欢多样化的工作内容，善于将注意力从一件事转到另一件事上，在有压力的情况下也能够很出色地完成工作。这类人适合从事的典型职业有记者、销售员、演员等。

（2）重复型　具有重复型职业气质的人适合连续不停地从事同样的工作，他们喜欢按照机械的或别人已经安排好的计划和进度工作，爱好重复、有规划、有标准的工作。这类人适合从事的典型职业有纺织工、印刷工、装配工、电影放映员、机床工等。

（3）服从型　具有服从型职业气质的人喜欢按照别人的指示工作，他们不愿自己独立做出决策，而喜欢让别人对自己的工作负责任。这类人适合从事的典型职业有秘书、办公室职员、翻译人员等。

（4）独立型　具有独立型职业气质的人喜欢独立计划自己的工作和指导别人的活动，他们在独立的和富有责任的工作环境中感到愉快，喜欢对将要发生的事情做出决定。这类人适合从事的典型职业有管理人员、律师等。

（5）协作型　具有协作型职业气质的人在与人协同工作时会感到愉快，他们善于让别人按照他们的意愿来工作，想得到其他人的认可与肯定。这类人适合从事的典型职业有社会工作者、咨询员等。

（6）孤独型　具有孤独型职业气质的人喜欢单独工作，不愿与人交往。这类人适合从事的典型职业有校对员、排版员、雕刻工等。

（7）劝服型 具有劝服型职业气质的人喜欢设法让他人同意自己的观点，一般通过谈话或写作来表达，他们对于别人的反应有较强的判断力，且善于影响他人的态度、观点和判断。这类人适合从事的典型职业有政治辅导员、行政人员、宣传工作者、作家等。

（8）机智型 具有机智型职业气质的人在紧张和危险的情境下能够很好地完成工作，他们在危险的状况下能控制自我、镇定自若，在户外工作中表现出色，当工作出现差错时不易慌张。这类人适合从事的典型职业有驾驶员、飞行员、消防员、救生员、潜水员等。

（9）经验型 具有经验型职业气质的人喜欢根据自己的经验做出判断。当别人犹豫不定时，他们能当机立断做出决定，喜欢处理那些能直接经历或感受到的事情。必要时，他们会用直接经验和直觉来解决问题。这类人适合从事的典型职业有采购人员、供应商、批发商等。

（10）事实型 具有事实型职业气质的人喜欢根据事实来做出决策，他们喜欢使用调查、测验、统计数据来说明问题，再根据充分的证据得出结论。这类人适合从事的典型职业有化验员、检验员、自然科学研究者等。

4. 职业技能

职业技能指职工在履行职业责任时表现出来的完成某种任务的能力和活动方式。就职业道德而言，人们不仅要有自觉履行职业责任的愿望，还要有完成职责的过硬本领。因此，人们只有具备高超的职业技能，才能出色地履行职业责任。职业技能是道德规范在职业生活中的具体表现，每个劳动者不仅要以科学的态度看待职业技能，更要把掌握职业技能看作自己义不容辞的职业道德义务。现代社会的建设不仅需要大批各级各类的专门人才，还需要大量的、具有一定科学文化知识和技能的熟练劳动者。因此，没有良好的技术水平和业务能力，人们就无法在职场中立足，也无法获得自身长远的职业发展，更谈不上树立专业的职业形象。

➲ 实训项目

实训任务：形象塑造训练。

实训目标：

1. 掌握形象塑造的基本理论与技巧，了解不同场合下的着装规范与礼仪要求。
2. 学会分析自身形象特点，制订符合个人特色的形象塑造方案。
3. 提升自信心与自我表达能力，能够在不同场合下展现良好的个人形象。

实训准备：

1. 实训需要的化妆品。
2. 实训需要的服装和饰品（如职业装、领带、领结、丝巾等）。
3. 实训室化妆台布置整洁。

实训内容：

学生以小组为单位，每组4名同学，自行设计模拟场景，如面试场景，需要两位考官及两名应聘者，4个人在角色扮演中，进行妆容及服饰的设计，并完成简单的面试模拟考核。

如企业座谈会，双方各扮演两名代表，从妆容服饰到言谈举止进行设计。

实训模拟结束后，学生们以小组为单位互评，交流心得及改进方案。

考核评分表

考核项目	考核要求	分值	得分
妆容设计	整体妆容是否符合相应的场景需要	20	
服饰搭配	学生的着装是否得体、整洁，仪表是否端庄，是否符合模拟场景	20	
饰品搭配	饰品搭配是否符合模拟场景	20	
言谈举止	对话流利性，以及应急处理能力是否妥当	20	
实训互评	学生在模拟实训后进行小组互评	10	
实训活动总结	学生对本次实训活动的总结与反思，形成改进方案	10	

⊃ 模块小结

通过本章的学习，学生了解了形象设计的要点重点。个人形象设计是研究人的外观与造型的视觉传达设计，综合了轮廓、造型、质地、色彩及风格等因素，是实用性与审美性的完美结合。它不仅包括服装、服饰、发型、化妆、体态等具体内容，还包括精神、文化等方面。通过学习，学生应该掌握形象设计的基本原则和使用方法，根据个性、职业、身份等进行设计，从而塑造出良好的形象，赢得他人的好感，为职场助力。

⊃ 问题与讨论

通过本章的学习及分析，在了解自己形体及色彩方面的优劣势后，开始一场自己的形象设计，包含服饰设计及妆容。老师会提前准备好不同颜色及材质的职业装及搭配服饰等，每个小组选出一人进行整体形象设计，从职业装的选择到丝巾领带的设计打法，进行一次综合性的形象设计，设计完成后，以小组的形式进行汇报，如某某要参加一个什么样的场合，进行搭配的依据和感受是什么等。

模块六　化妆技巧

知识目标

能力目标　素养目标

学前导读

⤳ 学前导读

在日常生活中，每个人都应该注重自己的仪表风度和外在装扮，因为这些都是体现一个人文化修养和思想内涵的主要形式。如果你即将走上职场，要参加公司召开的正式会议，那么就需要选择端庄的装束打扮。恰当的化妆造型，既是自尊的表现，也能增加自信，更体现了对交往对象的尊重。

本章中，同学们可以通过学习五官的化妆技巧，掌握化妆造型的基本原理，相信同学们在学习后，通过实践化妆练习，一定会看到不一样的自己。

⤳ 学习目标

知识目标

1. 了解化妆的基本原理及手法。
2. 掌握局部化妆、整体妆容的造型。
3. 掌握职业妆的化妆技巧。

能力目标

1. 学生通过本章学习化妆技巧并能在实践中应用。
2. 学会打造不同类型妆容。
3. 具有审美能力。

素养目标

1. 展现审美情趣，表达个性，增添魅力。
2. 塑造真诚、合作、勤勉、敬业的职业形象。
3. 塑造良好的外在形象和内在的人格品质。

单元一 面部化妆相关知识

化妆是运用化妆技巧和化妆材料对脸部进行修饰和美化，使之接近和符合美的要求的活动。化妆最主要的目的是将人美观的部位突出，而将稍有欠缺的部位遮掩，因此，掌握面部结构知识至关重要。正确了解面部的生理结构，发现自身脸部的优缺点，在化妆时就能有的放矢，从而展现美好的形象。

一、面部结构

了解人的面部结构是化妆的基础环节。在学习化妆之前，必须熟悉面部的基本部位及结构，掌握基本部位的特点，从而有针对性地进行化妆。图6-1所示为面部结构。

人的面部结构可分为以下几个部分：

1）发际线。

2）大鬓角。

3）小鬓角。

4）前额（包括额结节、颜沟、太阳穴）。

5）眉毛（包括眉弓、眉头、眉峰、眉梢）。

6）眉间。

7）眼窝（包括上眼线，眼睑沟）。

8）眼睛（包括外眼角、内眼角及睫毛、眼线）。

9）鼻子（包括鼻根、鼻梁、鼻尖、鼻翼、鼻中）。

10）颧骨。

11）面颊。

12）人中（包括唇上部分）。

13）嘴唇（包括红唇部、线及嘴角）。

14）下颌角。

15）颏唇沟。

16）下颏（包括颏结节、颏窝）。

17）耳（包括耳轮、耳垂、耳珠）。

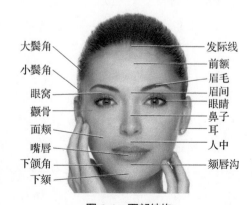

图6-1　面部结构

二、标准面部结构的比例

（一）面部标准比例

在生活中，人们常会有这样的感觉：有些人的五官看上去虽然比较普通，但是整体看起来却很有风采。这是因为人的面貌是一个整体，面部结构的比例在很大程度上决定着人体的外观美感。标准的脸型是椭圆脸，又称鹅蛋脸，这种脸型面部的长、宽之比为4：3，前额宽于下颌，凸起的下颌角柔顺地向椭圆的下巴过渡。

（二）三庭五眼

在中国古代绘画作品中，对人的五官比例的描绘有"三庭五眼"的要求，其对面部化妆有重要的参考价值。"三庭五眼"的比例很合乎中国人面部五官外形的一般规律。所谓"三庭"是指脸的长度比例，把前发际线到下颌部分分为三等份：前发际线至眉毛部分为一庭，眉毛至鼻底部分为一庭，鼻底至下颌部分为一庭。所谓"五眼"是指脸的宽度比例，以眼睛为标准把面部分为五等宽：两内眼角之间的距离是一只眼睛的宽度，两外眼角延伸到耳朵的距离是一只眼睛的宽度。图6-2所示为三庭五眼。

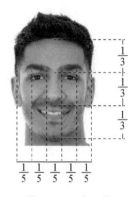

图6-2　三庭五眼

1. 三点一线

"三点一线"指由眉头、内眼角和鼻翼这三点构成一条垂直线，在修饰眉头或画眼线时，"三点一线"的概念非常重要。人们可从"三庭五眼"的比例中找出自己内眼角应在的位置，再用向上的垂线找到眉头的所在位置，然后依据向下的垂线找出自己鼻翼的宽窄距离，这可以使妆面的修饰更加准确。

2. 眉的长度与眉峰

鼻翼至外眼角的斜线延伸至眉尾的长度即标准眉形长度。沿眼球外侧缘所做的垂直线向上与眉的交点处为标准的眉峰位置。

3. 嘴的大小

在面部修饰中，嘴的大小很重要。要根据脸的大小与形状来进行修饰。例如，大脸不适合小嘴，而小脸也不适合大嘴。因此，要想使面部和谐，可以用作垂直线的方法找出适合的嘴唇长度。

三、面部形态特征的差异

在化妆前，要了解自己的面部基本形态特征，这样才能确定化妆的重点和尺度。面部形态特征的差异主要源于人种、性别与年龄、个体特征、脸型等的不同。

（一）人种的差异

人种是人类种族的简称，指在一定的区域内，在历史上所形成的体质上具有某些共同遗传性状的人群。人种不同，肤色、发色、发质、脸型、头型等也不相同。

1. 黄色人种

黄色人种的头为圆形，颌微凸，额骨较高且横凸，鼻梁较塌，眼眉间距较大，嘴唇厚度适中，发质硬直，发色黑亮。

2. 白色人种

白色人种的头多呈长形，额骨小且不横凸，鼻梁挺而直，嘴唇较薄，眼眉间距较小，发质松软，发色多为金黄色。

3. 黑色人种

黑色人种的头多呈长方形，鼻平扁，颌显凸，嘴唇较宽厚，发质卷曲，多呈螺旋状，发色为黑色。

（二）性别与年龄的差异

人的面部形态特征因性别与年龄的不同而有所不同。

男性的头部趋于方正，骨骼、肌肉的线条明显，眉骨较为突出；女性的头部较为圆润，下颌稍尖，骨骼、肌肉的线条柔和，额部较平。老年人牙齿脱落，牙床凹陷，唇收缩，颌部凸出；幼儿的下颌尚未发育完全，颌部内收，脑颅部较大。

（三）个体特征的差异

人的个体特征的差异主要表现在五官上，人与人的眉、眼、鼻、唇、耳的大小都有所不同，世界上没有长得完全相同的两个人。

（四）脸型的差异

脸型即面部的轮廓线，指平视面部正面时，发际线以下的全脸边缘造型线。一般来说，人的脸型包括以下几种。

1. 椭圆脸

椭圆脸是最匀称、最理想的脸型，其特点是额头与颧骨等宽，同时比下颌稍宽。这种脸型唯美、清秀、端正、典雅，是传统审美中的最佳脸型，图 6-3 所示为椭圆脸。

图 6-3　椭圆脸

2. 圆脸

圆脸的特点是额头、颧骨、下颌的宽度基本相同。圆脸与椭圆脸最大的区别就是圆脸比较圆润丰满，有点儿像婴儿的面部比例。因此，圆脸的人显得活泼、可爱、健康，很容易亲近，但也容易给人不成熟的感觉。

3．方脸

方脸的特点是额头、颧骨、下颌的宽度基本相同，下巴较短，使脸看起来呈四方形。方脸轮廓分明，极具现代感，给人意志坚定的印象。方脸的不足之处是对于女性来说显得不够柔和。图 6-4 所示为方脸。

4．长方脸

长方脸指比较瘦长，额头、颧骨、下颌的宽度基本相同，脸宽小于脸长的 2/3 的脸型，长方脸的人显得理性、深沉且充满智慧，但也容易给人老气、孤傲的印象，因此在进行装扮时，应适当地缓和这种感觉。图 6-5 所示为长方脸。

图 6-4　方脸

图 6-5　长方脸

此外还有正三角脸型、倒三角脸型等。

单元二　化妆与修饰

一、眉、眼的化妆与修饰

眉毛常被称为"七情之虹"，它不仅在很大程度上影响着人的面部表情，还能够体现时尚与流行元素。因此，眉的修饰对矫正脸型的缺点、强调眼部的立体感起着重要的作用。

（一）眉毛的化法

1．眉毛的构造

眉毛起自眼眶的内上角，沿眼眶上缘向外呈弧形至眼眶外上角。靠近鼻根部的内侧端称为眉头，外侧端称为眉尾，外高点称为眉峰，眉头与眉峰之间的部分称为眉腰，眉头部位的眉毛斜向外上方生长。从眉腰处开始，眉毛分上、下两列生长，上列眉毛斜向下方生长，下列眉毛斜向上方生长。眉峰至眉梢部位的毛发细而稀疏，中间部位的毛发较粗而致密，使眉毛的疏密状态表现为两头淡中段浓。操作者在画眉时一定要遵循眉毛的浓淡变化规律，这样才能使眉毛显得生动。眉毛的构造见图 6-6。

2. 标准眉形

这里所指的"标准"主要是对眉毛而言的，不存在与其他部位的相对关系。标准眉形见图 6-7，应符合以下条件：

1）眉头至眉腰、眉腰至眉峰、眉峰至眉梢 3 部分均等。

2）眉头的位置在鼻翼与内眼角连接的延长线上。

3）眉梢的位置在鼻翼与外眼角连接的延长线上。

4）眉峰的位置在眉头至眉梢的 2/3 处。

5）眉梢的高度为眉头下缘至眉梢的水平连线上，且略高于眉头。

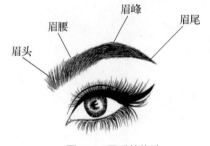

图 6-6　眉毛的构造

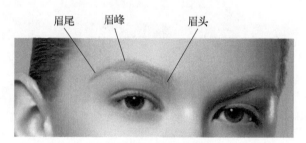

图 6-7　标准眉形

3. 修眉

（1）修眉的步骤

1）清洁眉毛及周围皮肤。

2）根据标准眉形和个人的眉形特点确定眉头、眉腰、眉峰和眉梢的位置。

3）选用合适的修眉用具修去眉形以外多余的眉毛。

4）用收敛性化妆水拍打双眉及周围的皮肤，使皮肤毛孔收缩。

（2）修眉的方法　根据修眉所使用工具的不同，修眉的方法也有所不同。一般来说，主要有 3 种修眉方法，即拔眉法、剃眉法和剪眉法。

1）拔眉法。拔眉法指用眉钳将多余的眉毛连根拔除的方法。拔眉时要一点一点、有秩序地进行，这样不仅速度快，而且眉形容易修得整齐，不能东一根西一根地拔。拔眉法的优点是修过的地方很干净，眉毛再生速度慢，眉形保持的时间相对较长，缺点是拔眉时有轻微的疼痛感，长期用此法修眉会损伤眉毛的生长系统，使常被拔部位眉毛的再生率越来越低，甚至不再生长，图 6-8 所示为拔眉。

2）剃眉法。剃眉法指利用修眉刀将多余的眉毛剃除的方法（图 6-9）。修眉刀的刀片要紧贴皮肤滑动，以将眉毛根切断。操作者在操作时应特别小心，因为修眉刀非常锋利，若使用不当就会割伤皮肤。剃眉法的优点是修眉速度快，无疼痛感，但剃过的部位不如拔眉干净，而且眉毛的再生速度快，眉形保持的时间短。

3）剪眉法。剪眉法是用眉剪将杂乱或下垂的眉毛剪掉，使眉形显得整齐的方法（图6-10）。操作者在操作时应先将整条眉毛用眉刷理顺，然后用眉剪将多余的部分剪掉。剪眉法一般配合拔眉法和剃眉法使用，适合眉毛生长方向比较乱或眉毛太长者。

图6-8 拔眉

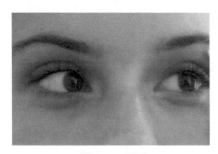

图6-9 剃眉

图6-10 剪眉

4. 画眉

（1）画眉的作用 眉毛的形状、色调可展示人的个性和情绪，同时也是区别妆型的重要因素。

1）强调个性，表现妆型特点。

2）弥补眉毛自身生长的不足，完善眉形。

3）调整脸型，调整眉与眼的间距。

（2）画眉的要求

1）眉形要与脸型、个性协调。

2）眉色要与肤色、妆型协调。

3）眉毛的描画要虚实相映，左右对称。

（3）眉的描画步骤及方法（图6-11）

1）眉腰至眉峰。顺着眉毛的生长方向描画至眉峰处，形成上扬的弧线。

2）眉峰至眉梢。顺着眉毛的生长方向斜向下画至眉梢，形成下降的弧线。

3）眉腰至眉头。用眉刷刷眉，使其柔和，使眉腰与眉头衔接。

图6-11 眉的描画步骤及方法

（4）眉形的选择

1）常见眉形。柳叶眉、拱形眉、上挑眉和平直眉等（图6-12）。

| 柳叶眉 | 拱形眉 | 上挑眉 | 平直眉 |

图 6-12　常见眉形

2）眉形的选择。眉形的多样化使眉毛富于变化和表现力。眉形的选择对眉毛的修饰和美化非常重要。在选择眉形时要注意以下几点：

①根据眉毛的自然生长条件来确定眉形。较粗、较浓的眉毛造型设计余地大，可通过修眉塑造多种眉形；较细、较浅的眉毛在造型时有一定的局限性，只能根据自身条件进行修饰，否则会给人以失真、生硬的感觉。眉毛是由眉棱支撑的，眉毛自然生长的弧度是由眉棱的弧度决定的。因此，在设计眉形时，要考虑眉棱的弧度。若眉形调整幅度过大，就会显得不协调，不仅不能增加美感，反而会影响化妆的整体效果。

②根据脸型选择眉形。眉毛是面部可以通过大幅修饰而改变形状的部位，因而对脸型有一定的矫正作用。

③根据个人喜好选择眉形，以充分表现个人的性格和内在气质。

（二）眼妆的化法

眼睛是五官之首，是心灵之窗，最能表达人们的喜怒哀乐。运用丰富的色彩对眼部进行修饰，不仅能够表现出整体化妆的重点，还能直接影响化妆的效果。

1. 眼部的结构

眼球前方覆有上眼睑和下眼睑两部分，中间为睑裂。下眼睑的皮肤内侧有一条细的皱襞称为下眼睑沟，人到老年时，皮肤松弛，下眼睑沟会变得明显。上眼睑的皮肤在睁眼时可形成一条皱襞，这条皱襞称为重睑，又称上睑皱褶，即"双眼皮"，没有重睑者则为"单眼皮"。眼眶上缘与眼球之间为上眼睑沟。上、下睑缘相连形成两个眼角，内侧角圆钝，称为内眼角；外侧角为锐角，称为外眼角。上眼睑的睫毛称上睫毛，下眼睑的睫毛称下睫毛。

2. 眼影的晕染

（1）眼影晕染的作用　眼影的晕染可强调和调整眼部凹凸结构，表现妆型特点，使眼睛显得妩媚动人。

（2）眼影晕染的要求

1）眼影色要与妆型、服饰的色相协调。

2）眼影晕染的形态要符合眼形的要求。

3）色彩过渡要柔和，多色眼影搭配时要丰富而不混浊。

（3）眼影晕染的位置　晕染眼影时要先确定晕染位置（图6-13），根据需要将眼影局部或全部覆盖于上眼睑。晕染眼影时要使其与眉毛之间留有一定的空隙，眉梢下的地方空出不晕染或进行提亮。

有时下眼睑也要晕染眼影，晕染位置在下睫毛根的边缘，晕染面积要小，眼影用量要少，使用小号眼影刷晕染出外粗内细的效果即可。

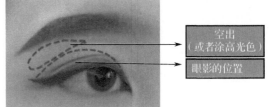

图6-13　眼影晕染的位置

（4）眼影晕染的方法　眼影的涂抹主要是通过晕染来完成的。也就是说，在画眼影时颜色不能呈块状堆积在眼睑上，而是要呈现出一种深浅变化，这样才会显得自然、柔和。通常，眼影的晕染有两种方法，即立体晕染和水平晕染。

1）立体晕染。立体晕染（图6-14）指按素描的方法晕染眼影，将深暗色涂于眼部的凹陷处，将浅亮色涂于眼部的凸出部位。暗色与亮色的晕染要衔接自然，明暗过渡要合理。立体晕染的最大特点是可通过色彩的明暗变化来表现眼部的立体结构。

2）水平晕染。水平晕染（图6-15）是将眼影涂抹在睫毛根部，并向上晕涂，由下向上色彩呈现出由深到浅的渐变。水平晕染的特点是通过色彩的变化来美化眼睛。

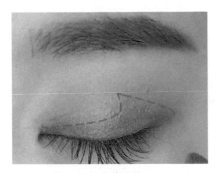

图6-14　立体晕染

图6-15　水平晕染

（5）眼影的色彩搭配

1）单色眼影晕染。单色眼影（图6-16）化妆应有浓有淡，有深浅变化。用单色眼影化妆比较自然，但容易显得单调。

2）双色眼影晕染

①类似色搭配（深浅搭配）。类似色指两种颜色含有共同的色彩成分，如淡紫色和深紫红，这种色彩搭配对比弱，比较柔和、和谐，适合淡妆类化妆。操作时宜先用浅色晕染，再用深色作为强调色。

②明暗色彩搭配。明暗色彩搭配可强调眼部的凹凸结构，常用于晚妆及人造光源下的化妆。

③冷暖色彩搭配。冷暖色彩搭配可产生强烈、炫目的

图6-16　单色眼影

对比效果。冷暖色彩搭配常用于浓妆、彩妆、舞台化妆，这种色彩搭配要掌握好纯度比。

3）三色眼影晕染。三色眼影晕染又称1/3化妆法，即将上眼睑分成3部分，中间用亮色，其他部位色彩可采用冷暖、深浅对比。三色搭配法适合上眼睑较宽的眼部化妆。

（6）眼影晕染的注意事项　在选择眼影的晕染方法时，要注意以下事项：

1）晕染眼影时，应注意结合妆容使用的场合来选择，如在职场中尽量不要化颜色过重、过浓的眼妆及烟熏眼妆。

2）眼影晕染可以弥补眼型、脸型的不足，可以根据实际情况结合眼影的晕染方法进行操作。

3）可以多尝试不同的眼影颜色搭配和晕染方法，找到最适合自己的方法。

3. 眼线的勾画

眼线（图6-17）在日常生活中也称为睫毛线。勾画眼线可以从视觉上调整眼睛的形状。

（1）睫毛的生长规律　上睫毛浓、粗，下睫毛淡、细；外眼角位置的睫毛浓、重，内眼角位置的睫毛稀、淡。在画眼线时，要遵循睫毛的生长规律。

（2）画眼线的作用　描画眼线可调整眼的轮廓和两眼之间的距离，增强眼睛的黑白对比度，弥补眼型的不足，使人显得神采奕奕。

（3）画眼线的方法

1）用眼线笔描画（图6-18）。画眼线时要选择软芯防水眼线笔，把笔尖削薄、削细，然后沿睫毛部位描画，上眼线粗，下眼线细。用眼线笔描画眼线可使眼部显得柔和自然，适用于生活妆，但较容易脱妆，应注意及时补妆。

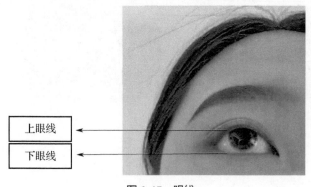

上眼线

下眼线

图6-17　眼线　　　　　　　　　　　图6-18　眼线笔描画眼线

2）用眼线液描画。画上眼线时，可让化妆对象闭上双眼，用一只手在其上眼线处向上轻推，使上睫毛根充分暴露出来，眼睛向下看，然后从外眼角或内眼角开始描画。画下眼线时，可让化妆对象眼睛向上看，然后从外眼角或内眼角开始描画，由于眼线离眼球很近，眼球周围的皮肤非常敏感，描画时会不小心刺激眼睛而流泪，破坏妆面，因此，描画眼线时要格外细致。眼线要画得整齐干净、宽窄适中。描画眼线的力度要轻，手要稳。

3）用眼线胶笔描画。眼线胶笔主要有两个特点：一是质感表现力强，眼线液除上色明显外几乎没有特别的质感效果，但眼线胶笔可以体现哑光、金属光泽等不同的质地效果；二是妆效比眼线液要长久、自然，是最长效的眼线产品。因此，很多专业化妆师的化妆箱里都有眼线胶笔。使用眼线胶笔时，操作者应注意逐步描绘，避免出现失误。

（4）眼线的颜色 眼线的颜色有很多种，如黑色、灰色、棕色、蓝色、紫色、绿色等。由于亚洲人毛发的颜色为棕黑色，因此一般使用棕黑色的眼线笔，但有时候也可根据妆容设计的特殊需要使用其他颜色。

4. 睫毛的修饰

睫毛是眼睛的第一道防线，而且长而浓密的睫毛对增加眼睛的神采也能起到辅助作用，使眼睛充满魅力。亚洲人睫毛的生长特点为直、硬、短，并向下生长，常会遮盖住眼睛的神采。这些问题可以通过夹卷睫毛、涂抹睫毛膏或粘贴假睫毛等方式解决。

（1）夹卷睫毛 用睫毛夹使睫毛卷曲上翘，这样可以增添眼部的立体感。操作时眼睛要向下看，将睫毛夹的夹口置于睫毛上，将夹子夹紧，稍停片刻后松开，在不移动夹子位置的基础上连续做几次，使睫毛卷曲的弧度固定（图6-19）。夹睫毛时应分别从睫毛根、睫毛中部和睫毛尖部3处施力，以使其弯曲，这样形成的弧度会比较自然。

（2）涂抹睫毛膏 用睫毛膏涂睫毛时，眼睛要向下看，以"Z"字形的方式从睫毛根部向外刷。如果出现睫毛粘连的情况，则可用眉梳在涂抹睫毛膏后将其梳顺，使睫毛保持自然状态（图6-20）。

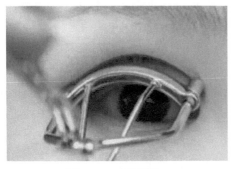

图6-19 夹卷睫毛　　　　　　　　图6-20 涂抹睫毛膏

（3）粘贴假睫毛 当自身睫毛稀疏、较短或遇见妆型需要时，可利用粘贴假睫毛的方式来增加睫毛的长度和密度。

1）假睫毛选好后，在粘贴前要根据化妆对象的睫毛情况用修眉剪对假睫毛的宽度、长度和密度进行修剪。

2）将粘贴假睫毛的专用胶水涂在假睫毛根部的上端横线和侧面，胶水要涂得薄而均匀。如果胶水涂得过多，就会令眼部产生不适感。

3）将涂过胶水的假睫毛由两端向中部弯曲，使其弧度与眼球的表面弧度相符，便于粘贴。

4）用镊子夹住假睫毛，将其紧贴在睫毛根部的皮肤上，然后由中间至两边按压、贴实。由于眼部活动频繁，内、外眼角处的假睫毛容易翘起，因此应特别注意将假睫毛在内外眼角处粘贴牢固。

5）在假睫毛粘牢后，用睫毛夹将真假睫毛一并夹弯，使它们的弯度一致，然后涂抹睫毛膏。由于此时的真睫毛和假睫毛已融为一体，故涂睫毛膏的方法与涂真睫毛的方法相同。

粘贴假睫毛对于初学化妆的人来说有一定的难度，操作时应注意假睫毛的修剪要自然，粘贴要牢固，真假睫毛的上翘度要一致。

5. 双眼皮的化妆

（1）双眼皮化妆的作用

1）矫正过于下垂的眼皮。

2）矫正两眼大小，使其协调。

3）使眼睛显得更大。

（2）双眼皮的化妆方法

1）贴美目贴。美目贴主要用于日常生活化妆和影楼化妆，使用方便，容易掌握，但因其是塑胶制品，所以不易上色，且有反光点。

使用方法：根据眼形将美目贴剪成月牙形，两边不可太尖，应剪成圆形，以免刺激眼睛，剪好后用镊子夹住，贴在适当的位置。由于美目贴自身有黏性，所以应在打底之前贴好。

2）贴深丝纱。深丝纱需要配合酒精胶使用，主要用于浓妆，其效果自然且容易上色。

使用方法：在涂完眼影后使用，先根据眼形将深丝纱剪成月牙形，用酒精胶做单面涂抹，胶水不宜涂得过多，然后贴在眼睑上，最后用定妆粉定妆，以免上、下眼睑粘在一起。

二、鼻、脸颊的化妆与修饰

（一）鼻的化妆与修饰

（1）鼻部构造　鼻位于面部的中庭，是整个面部最凸起的部位。鼻由鼻骨、鼻软骨和软组织构成，主要结构包括鼻根、鼻梁、鼻软骨、鼻尖、鼻孔、鼻中、鼻翼、鼻骨等（图6-21）。其中，鼻根始于眉头，鼻翼位于眼角垂直线的外侧，鼻梁由鼻根向鼻尖逐渐增高。

（2）标准鼻形　标准鼻形的鼻长为脸长的1/3，宽度为脸宽的1/5。鼻根位于两眉之间，鼻梁由鼻根向鼻尖逐渐隆起，鼻翼两侧在内眼角的垂直线上。

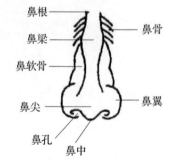

图6-21　鼻的结构

（二）鼻部的修饰

1. 鼻部的修饰步骤及方法

（1）涂鼻侧影　用手指或化妆棉蘸取少量阴影膏或用眼影刷蘸取少量阴影粉，从鼻根外侧开始沿鼻梁两侧向下涂，颜色逐渐变浅，直至鼻尖处消失。

（2）涂高光色　在鼻梁正面由鼻尖至鼻根部适当涂高光色进行提亮。

2. 鼻部修饰的注意事项

1）鼻侧影的晕染要符合面部的结构特点，注意色彩的变化，在鼻根处要深一些，并要与眼影衔接。

2）鼻侧影与面部粉底的相连处色彩要相互融合，不要有明显的痕迹，并且要左右对称。

3）鼻梁上的高光色应符合生理结构，宽度适中，最亮部位应在鼻尖，因为此处是鼻部的最高点。

三、面颊的化妆与修饰

面颊是人类通过表情表露情感的部位。因此，面颊的化妆与修饰成为人们展示神采、矫正脸型的一种重要手段。

（一）面颊的位置和特征

面颊位于面部两侧，处于上颌骨与下颌骨的相交处，上至颧突、眼眶下水平线，下至颌角，介于尖牙槽以外和外下颌角以内之间。面颊的外形宽而扁平，因人种、性别、年龄的不同有很大的差异。

（二）涂腮红

1. 涂腮红的位置

面颊一般用晕染腮红的方式来进行修饰。腮红晕染位置在笑时颧骨上面脸颊隆起的部位（高点）。

一般情况下，涂腮红向上不可高于外眼角的水平线，向下不可低于嘴角的水平线，向内不能超过眼睛的 1/2 垂直线。在化妆时，具体晕染部位要根据个人的脸型而定。

2. 涂腮红的步骤及方法

面颊是整个面部化妆涉及面积最大的部位，直接关系到妆面效果。健康的面颊看上去应该白里透红，因此，腮红的晕染要清淡、自然、柔和。腮红宜选择与个人肤色相近的色调。一般来说，肤色白皙者应该配以温暖的古铜色或淡粉红的腮红；圆脸者的腮红可用棕色，以达到使脸部显得较瘦的效果；瘦长脸可以用桃红、粉红等颜色，使面部看起来红润、丰满。同时，腮红要与眼影、唇膏颜色协调。涂腮红步骤如下。

1）取同色系中较深的腮红，从颧弓下陷处开始，由发际线向内轮廓进行晕染。

2）取同色系中较浅的腮红，在颧骨上与步骤1所进行的晕染衔接，由发际线向内轮廓进行晕染。

3. 各种脸型的腮红晕染方法

（1）椭圆脸型 椭圆脸型腮红的晕染应该以笑起来后笑肌的最高点为圆点晕染。

（2）长方脸型 长方脸型腮红的晕染不可高过外眼角，应横向晕染。

（3）圆脸型 圆脸型腮红的晕染应为斜向，面积不宜过大。

（4）方脸型 方脸型腮红的晕染不可高过外眼角，应斜纵向晕染，面积宜小，颜色宜浅淡。

（5）正三角脸型　正三角脸型腮红的晕染应略高于外眼角，呈斜纵向晕染。

（6）倒三角脸型　倒三角脸型腮红的晕染不可高过外眼角，应横向晕染。

4. 涂腮红的注意事项

1）涂腮红要体现出面部的结构及三维效果，在外轮廓颧弓下陷处用色最重，到内轮廓时逐渐减弱并消失。

2）应用胭脂刷的侧面蘸取并晕染涂腮红。

3）涂腮红的晕染要自然、柔和，不可与肤色之间存在明显的边缘线。

◆ **拓展阅读**

作家林清玄在《生命的化妆》这篇文章里引用一位专业化妆师的评述："最高明的化妆术，是经过非常考究的化妆，让人家看起来好像没有化过妆一样，并且这化出来的妆与主人的身份匹配，能自然表现那个人的个性与气质。次级的化妆是把人突显出来，让她醒目，引起众人的注意。拙劣的化妆是一站出来别人就发现她化了很浓的妆，而这层妆是为了掩盖自己的缺点或年龄的。最坏的一种化妆，是化过妆以后扭曲了自己的个性，又失去了五官的协调。例如，小眼睛的人竟化了浓眉，大脸蛋的人竟化了白脸，阔嘴的人竟化了红唇。"

想一想

同学们知道适合自己的妆容是什么样的吗？

四、基底、唇的化妆修饰

（一）基底妆

1. 基底化妆的步骤和方法

（1）化妆前的准备

1）洁肤（图6-22）。洁肤即用洁肤类产品清洁皮肤。皮肤在妆前要保持清爽、柔滑的良好状态，使之更容易上妆。

洁肤的操作方式为：首先用温水将脸打湿，然后将适量洗面奶或清洁霜涂在面部，最后用手指在面部打圈进行清洁。清洁时应按以下顺序进行：面颊→额头眼周→鼻部→嘴部→下颌。

2）润肤。化妆前的润肤对保护皮肤有很重要的作用。润肤指在清洁后的皮肤上涂抹与肤质相适应的营养液和润肤霜，也可在妆前敷用面膜，使皮肤得到滋润，进一步体现健康、润泽的肤质，并使其易于上妆。润肤后涂抹隔离霜既可

图6-22　洁肤

以调整肤色，又可以消除化妆品对皮肤的影响，在皮肤和化妆品之间筑起一道"安全防线"。

（2）涂粉底　粉底是妆容的基础。根据肤色的不同，所选择粉底的颜色也不同，应契合自己的肤色。

1）涂抹粉底的要求。

①粉底色要与肤色相协调。

②粉底的质感要与皮肤性质、季节、妆型特点协调。

③深、浅粉底搭配要连接自然，不能有明显的痕迹。

④粉底要涂抹均匀，薄厚适当，有整体效果。

⑤与面部相连接裸露的部分，如颈、胸、肩、背、手臂都应涂抹粉底。

2）涂抹粉底的方式。涂抹粉底的方式有很多种，可直接用手涂抹，也可用粉扑或粉底刷进行涂抹。

①直接用手涂抹是最方便的粉底涂抹方式，容易掌控力度，但也容易留下指纹，在眼底、下颌和鼻翼等细节处容易涂抹不匀。

②用海绵粉扑涂抹粉底操作简单，上粉均匀、服帖。但是，因粉扑会吸收过多粉底而造成浪费，且粉扑使用寿命短，需定期更换。

③用粉底刷涂抹粉底操作灵活，且刷出的底妆厚薄均匀。粉底刷使用寿命长，易于清洗和保养。使用粉底刷涂抹粉底的缺点是粉底刷携带不方便，且需要多加练习才能掌握其使用技巧。

④遮瑕。面部一些容易出油的 T 字区、眼周、痘印、斑等地方可以选择遮瑕膏或遮瑕笔进行掩盖，达到完美的打底效果。

3）涂抹粉底的手法。

①点法。涂抹粉底时先把粉底按照从上至下、从中间向两边的顺序，以打点的方式涂于面部。

②擦法。粉底点完后用粉扑或指腹由上往下、由内向外轻擦。

③压法。粉底擦均匀后用洁净海绵从面颊起进行全脸按压，将过剩的粉底、油脂吸走，使粉底和皮肤的亲和性增强，着色效果更好，使肤色更自然，避免"浮"的感觉，并使底色保持的时间更长。

④推法。推法适用于对特殊部位，如鼻唇沟的粉底涂抹。

4）特殊皮肤的粉底涂抹。

①皮肤敏感者应用指腹涂抹粉底，以避免海绵对皮肤的刺激。

②毛孔粗大、皮肤粗糙者应先用浅色粉底涂抹一遍，再用与肤色接近的粉底涂抹。

③皮肤发红者应先用浅绿色或浅蓝色粉底涂抹发红的部位，再用接近肤色的粉底涂抹。

④有色斑者应先用遮瑕膏涂抹在色斑部位，再涂抹接近肤色的粉底。

⑤皮肤枯黄者应用粉红色的粉底涂抹，使皮肤显得红润。

⑥皮肤较黑者要选择浅咖啡色或深棕色的粉底进行涂抹，以免肤色与粉底反差太大而显得不自然。

（3）涂高光粉和阴影粉（图6-23）

1）涂高光粉。高光粉可用在需要提亮的部位，如在鼻梁、额头、下颌等处，用点拍的手法或用粉刷刷涂，进行提亮。

2）涂阴影粉。用平涂的手法在脸的外轮廓进行阴影粉的涂抹。

（4）涂定妆粉（图6-24）　定妆是用蜜粉将涂好的粉底进行固定，以防因皮肤分泌油脂和汗液而引起脱妆。定妆粉可起到柔和妆面和固定底色的作用。涂抹定妆粉是保持妆面干净及底色效果持久的关键步骤。

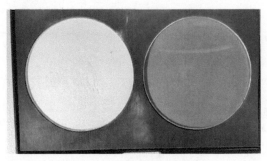

图6-23　高光粉和阴影粉

图6-24　定妆粉

1）定妆粉的分类。

根据质量分类，可分为重质定妆粉和轻质定妆粉。重质定妆粉的颗粒较粗，适用于毛孔粗大的皮肤；轻质定妆粉的颗粒较细，适用于毛孔小、肤质细腻的皮肤。

根据颜色分类，可分为以下几种：

①象牙白色定妆粉，适用于肤色或底色较白者。

②紫色定妆粉，适用于肤色或底色偏黄者。

③绿色定妆粉，适用于肤色或底色偏红者。

④橘色定妆粉，适合在暖色光源之下使用，还可用于晚妆定妆，可使皮肤显得自然红润。

⑤粉色定妆粉，可以增加皮肤的质感，使面色显得红润，适用于新娘妆、青年妆等。

⑥混合型定妆粉，现代流行的混合各种颜色的定妆粉是可以达到综合定妆的无色散粉。无色散粉的特点是用后不改变底色，易与粉底融为一体，主要用于定妆。

⑦珠光散粉。珠光散粉分为有色和无色两种，适用于皮肤凹凸不平或脸颊鼓的人。珠光散粉可以体现皮肤的质感，使皮肤有光泽。

2）涂抹定妆粉的步骤。

①用一个或两个粉扑蘸上散粉后，相对揉搓，使散粉在粉扑中均匀地揉开。

②把粉扑按或压于面部，嘴和眼睛周围的散粉应略少，暗影处的散粉可略多。

③用大号粉刷把多余的散粉刷掉。

3）涂抹定妆粉的注意事项。

①定妆时，不可用粉扑在妆面上来回摩擦，以免破坏妆面。

②防止脱妆的关键在于鼻部、唇部及眼部周围，这些部位要小心定妆。

③用散粉刷掸掉多余的粉时，动作要轻，以免破坏妆面。

2. 基底化妆的注意事项

1）底色要涂抹均匀。所谓的均匀并不是指面部各部位的底色要薄厚一致，而是要根据面部的结构特点，在过渡的部位随着粉底量的减少而制造出朦胧感，从而强调面部的立体感。

2）各部位的衔接要自然，不能有明显的分界线。鼻翼两侧、下眼睑、唇部周围等海绵难以深入的细小部位可用手指进行调整。

3）阴影色、高光色的位置应根据具体的面部特征而有所变化。

4）定妆要牢固，扑粉要均匀，在易脱妆的部位可进行多次定妆。

（二）唇的化妆与修饰

唇是面部色彩最鲜艳且肌肉活动最活跃的部位，与面部表情变化有密切的关系，是体现面部整体美感的重要组成部分。对唇进行修饰不仅能增加面部色彩，还能帮助调整肤色。因此，唇的修饰在化妆中十分重要。

1. 唇的结构

唇由上唇和下唇组成。上、下唇之间为唇裂，上唇结节有两个凸起的部位称唇峰（它的形状和位置决定唇形），两唇峰之间的低谷称唇谷，唇的两侧为唇角（图6-25）。

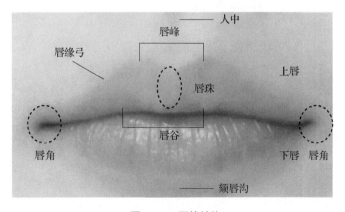

图6-25　唇的结构

2. 标准唇形

一般来说，标准唇形给人以亲切、自然的印象，具体特征如下：

（1）唇裂的宽度　唇裂的宽度为两眼平视正前方时，沿两侧瞳孔的内侧缘向下所做的垂直线之间的宽度。

（2）唇的厚度　唇的厚度大约是唇裂宽度的1/2。中国人普遍认为下唇略厚于上唇为美，欧洲人则以下唇的厚度是上唇的两倍为美。

（3）唇峰的位置　唇峰的位置位于唇中线至唇角的 1/3 或 1/2 处，厚度是唇裂宽度的 1/4 不到。

（4）唇谷的位置　唇谷的位置位于唇中线上，高度是唇峰至唇裂宽度的 1/2。

（5）下唇中部　下唇中部的最低点位于唇中线上，厚度是唇裂宽度的 1/4。

3. 唇线笔的作用

1）使唇的轮廓显得清晰，选择比唇膏略深的颜色（同色系）可以增强立体感。

2）弥补和矫正唇形的不足。

3）防止唇膏向四周外溢。

4）画唇线后比较容易画出唇形，并易修改。

4. 唇部修饰的步骤

（1）设计唇形　根据自身条件设计理想的唇形。

（2）确定唇峰的位置　在化妆中，唇峰的位置可直接影响唇部的表现力，下面介绍几种唇峰的位置及唇形的表现风格。

1）丰满唇形。唇峰位于唇中线至唇角的 1/2 处，此种唇形轮廓均匀，唇峰的高度和下唇相应位置厚度相同，给人较为丰满的感觉。

2）饱满唇形。唇峰位于唇中线至唇角的 2/3 处，此种唇形有圆润、饱满和优美的微笑感，给人以热情的印象。

3）敏锐唇形。唇峰凸出，略带尖锐倾向，唇角处稍向上提，给人以冷峻、严肃的印象。

（3）勾画唇线　勾画唇线时要先确定唇峰、唇谷和下唇中部的位置，找到各个点以后，从嘴角起笔，至中间连线。勾画唇线时线条要流畅。

（4）涂口红　涂口红时可用唇膏笔蘸上唇膏，从唇角向唇中部涂抹，由外向内涂满。为了增强立体感，口红应分三层涂抹。

1）第一层涂基底色，即用所要表现的颜色涂满全唇。

2）第二层涂暗影色，涂抹的重点在唇角和唇的边缘，以增强唇部的立体感。

3）第三层涂亮色，应涂于上唇的唇峰下面和下唇的中间，突出中间部分，使唇肌显得饱满。

5. 唇部修饰的注意事项

1）唇线的颜色要与口红颜色的色调一致，并略深于唇膏的颜色。

2）唇线的线条要流畅，左右对称。

3）口红的色彩变化规律应为上唇深于下唇、唇角深于唇中。

4）口红的颜色要饱满，要充分体现唇部的立体感。

单元三 职场化妆与生活化妆

一、职业妆

（一）化妆准备

洁肤和润肤（图6-26）是化妆前的基础护肤三部曲，同样也是每日早晚及化妆前卸妆后的必要护肤程序。

（二）化妆步骤

1. 妆前护理（图6-27）

如果觉得脸部特别干燥，可以喷一点儿保湿喷雾。

2. 局部调整

首先，眉毛生长速度快，需要及时修整，因此在化妆前要先做好修眉工作（图6-28）；其次，要确保露出整个脸，最好先将头发盘起来再化妆，这样也方便做好整理和修饰完善工作；最后，要确保口腔的干净卫生，以避免清洁口腔时破坏整体妆容。

图6-26 润肤

3. 涂抹粉底（图6-29）

由于化妆时的各种描画和晕染都要在涂过粉底的皮肤上进行，因此涂抹粉底时做到细致全面。需要注意的是，在眼圈、鼻翼、嘴角等肤色变化的地方涂抹粉底液时要加重一点，发际线、颈部与面颊的衔接过渡不要太过明显地分为两种颜色。

4. 局部遮瑕（图6-30）

在痘印、色斑，黑眼圈等需要遮瑕的地方使用遮瑕膏，用点涂的方式进行局部遮瑕。需要注意的是，遮瑕膏要与底妆充分结合。

5. 定妆

进行定妆操作时，可用蘸粉的粉扑在皮肤上拍按，使粉在皮肤上与粉底充分融合，最后用散粉刷将多余的浮粉扫掉。

6. 画眉（图6-31）

眉毛的化妆最重要的是要与眼部保持协调一致，以对整个面部的妆容起到烘托的作用。眉形应符合职业的要求，与流行妆容的要求不尽一致。

图 6–27　妆前护理

图 6–28　修眉

图 6–29　涂抹粉底

7. 画眼线（图 6–32）

画眼线时，可以选择适合自己的眼线产品。如果选择使用眼线笔，则用眼线笔在上、下睫毛根部勾画出两条黑线。上眼线顺着原本的眼形画，到眼尾处延长约 0.5 厘米；下眼线从眼尾向眼头画过去至 1/3 处，眼尾处可用眼线刷略微加强一点儿。眼线可以画两次，第一次在晕染眼影前，第二次在晕染眼影后，这样既能发挥眼线的作用，又可以保持眼线的清晰和干净。

图 6–30　局部遮瑕

图 6–31　画眉

图 6–32　画眼线

8. 涂高光粉

涂高光粉时应避免使用有明显珠光的高光粉，在需要涂高光的"T"字区域、眉骨下方等处可使用粉刷均匀地涂刷上高光粉，以增强面部的立体感。

9. 涂腮红

腮红的颜色应与唇膏、眼影的颜色相协调。一般可将腮红扫在颧骨和颧弓下凹的结合处。面部外轮廓也可运用腮红刷蘸上适量腮红轻扫，从而达到和谐、柔美的面部效果。应注意根据自己的脸型等借助腮红进行修饰，注意要使两边腮红的颜色均匀、对称。

10.　涂阴影粉（图 6-33）

用阴影刷蘸取少量阴影粉，在鼻翼、发际线等需要涂阴影处轻扫，修饰面部轮廓。

11. 涂口红（图 6-34）

口红的色彩应与肤色、服装的颜色及整个妆面的色调相协调，本身唇色比较深的人可以使用少量遮瑕产品遮盖自己的唇色。在涂唇膏之前，为防止嘴唇干燥，可以先涂一些润唇膏。

12. 晕染眼影（图 6-35）

眼影的色彩要与服装的颜色、肤色、季节及眼部特点等因素协调统一，眼影晕染应在面部涂完粉底的时候进行。可选择使用粉紫色系、大地色系、蓝紫色系等适合大多数职业的眼影搭配。

图 6-33　涂阴影粉　　　　图 6-34　涂口红　　　　图 6-35　晕染眼影

13. 涂睫毛膏（图 6-36）

要先用睫毛夹夹睫毛，让睫毛自然上翘，然后用睫毛刷涂抹睫毛膏。由于睫毛膏在没干时容易蹭在皮肤上而弄脏妆面，因此最好将涂睫毛膏这一步骤放在整个眼部化妆的最后，以便最后修整妆面。

14. 妆面检查

化妆完成后，应全面仔细地查看妆面的整体效果。在检查妆面时，应注意以下事项：

1）妆面有无缺漏和被破坏的地方，妆面是否干净。

2）妆面各部分的晕染是否有明显的分界线。

3）眉毛、眼线、唇线及鼻影的描画是否对称，色彩是否协调。

4）眼影颜色的搭配是否协调，过渡是否自然、柔和。

5）口红的涂抹是否规整，有无外溢和残缺。

6）两侧腮红的位置和深浅是否一致。

职业妆由于带妆时间较长，故可在检查完妆面之后再进行一次定妆（图 6-37），以提高妆面的持久度。此外，职业妆在工作间隙还要注意及时补妆，以免影响整体形象。妆面检查修补完毕，女士职业妆完成（图 6-38）。

图 6-36　涂睫毛膏

图 6-37　再次定妆

图 6-38　职业妆完成

（三）卸妆

卸妆是需要特别强调的。化妆品残留在皮肤上会造成毛孔堵塞，阻碍皮肤的正常新陈代谢，导致皮肤晦暗、痤疮等问题。因此，彻底卸妆对肌肤的健康非常重要。

1. 专用卸妆品

一般来说，面部油垢有两种：一种易溶于水，如皮脂、汗液等；另一种易溶于油脂，如防水型化妆品等。一般的洁面产品只能清除水溶性污垢，无法达到彻底清洁皮肤的作用，只有专门的卸妆品才能彻底卸除残留在皮肤表面包括细纹内的各种水溶性化妆品和脂溶性化妆品。眼部和唇部的肌肤非常细嫩、敏感，需要专门的眼唇卸妆品才能轻松卸除，且不会对皮肤造成伤害。卸妆品可分为卸妆水（图 6-39）和卸妆油（图 6-40）。

图 6-39　卸妆水

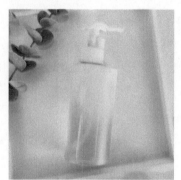
图 6-40　卸妆油

卸妆方法

2. 卸妆步骤

卸妆时应先从眼部及唇部开始，然后将脸部的彩妆及油垢彻底卸除。

（1）眼部卸妆

1）睫毛卸妆。将一个浸满卸妆液的化妆棉贴着下眼睑垫在睫毛下，闭上眼睛，令上睫毛完全接触化妆棉上的卸妆液。稍等片刻，用蘸取了卸妆液的棉棒，从睫毛根部至梢部进行仔细清除，逐渐溶解睫毛膏。换一块干净的化妆棉，以同样方法清除卜睫毛的妆。

2）眼线卸妆。用蘸有少许卸妆液的棉棒或化妆棉对折成细小的折角，由内眼角至眼梢，在眼睫毛根部轻轻擦拭眼线。

3）眼影卸妆。闭上眼睛，在眼皮上贴上浸满卸妆液的化妆棉。稍等片刻，向眼角轻轻擦拭。反复多次，直至擦净为止。

4）眉毛卸妆。将化妆棉浸上卸妆液，由眉头向眉梢反复擦拭，直至擦干净。

（2）唇部卸妆　用干净的、浸满卸妆液的化妆棉贴在唇部若干秒，让唇膏油脂渐渐溶解，由一边嘴角向另一边嘴角擦拭。然后张开嘴，用浸有卸妆液的棉棒或化妆棉沿唇的纹理把渗入唇纹中的唇膏彻底清除干净。

（3）面部卸妆　面部卸妆的基本步骤如下：

1）取适量的面部卸妆油，涂抹于额头、脸颊、鼻子和下颌处。

2）按照洁肤的手法在脸上画圈按摩，使卸妆油很好地与皮肤表面的化妆品融合并使其溶解，将其彻底清除。

3）不要忽略鼻翼、额头发际处及脸部边缘等部位，一定要认真、细致地进行清除。

4）用清水冲洗干净，再用洁面产品进行二次清洁。

二、生活妆

（一）生活妆的化妆步骤及方法

1．皮肤的清洁

为了能更好地上妆，同时使妆面保持时间更长久，化妆之前应做好洁肤与润肤工作。

2．眉的修饰

事先修好眉形，眉色多选用棕黑色或灰黑色。眉毛要描画得自然、虚实结合，可先用眉刷蘸取眉粉刷出一定的浓度，再用眉笔做进一步修整。

3．粉底

粉底应涂抹得轻薄、通透、自然，不要过于厚重。自身皮肤较好的女性可以使用轻薄型粉底液，皮肤瑕疵明显的女性则可使用遮盖力较强的粉底液。

4．定妆

应选用与自身肤色相近、粉质细腻的定妆粉定妆，定妆粉的涂抹应轻而薄。

5．眼部的修饰

眼影的用色与晕染方法要根据眼形选择。眼影的晕染面积要小，不宜使用较为夸张的晕染方法，而应采用单色晕染法。用眼影刷蘸取眼影粉从睫毛的根部由外眼角向内眼角涂抹，并逐渐向上晕染，可表现出自然的眼部结构。

6．眼线

要根据眼形勾画，线条要流畅自然，注意虚实结合。睫毛浓密、眼形条件好的人可不画眼线，只需强调睫毛的卷翘和浓密；睫毛、眼形条件一般者可选用黑色或棕黑色眼线笔或眼线膏勾画眼线，画完要用笔或眼线刷晕染开，尽量使其自然。

7. 面颊的修饰

所用腮红要浅淡、柔和，如果肤色健康、着装素雅则可免去这一步骤。

8. 唇的修饰

注意要使唇的轮廓清晰，唇形不宜改变过大，如果唇形好，可不画唇线。涂口红后可用纸巾沾去多余的口红，以免花妆，然后再涂一层亮唇彩，使嘴唇显得富有光彩。

9. 发型与服饰的选择

与生活妆搭配的发型和服饰要符合个人的气质、职业、所处环境等方面的因素，整体显得简洁、大方，有生活气息。

（二）生活妆的注意事项

1）底妆要薄，以强调肤色的自然光泽。
2）用色要简洁，化妆所用色彩之间的对比要弱。
3）色彩的晕染与线条的描画要柔和。
4）一般无须刻意修饰鼻子。

三、裸妆

（一）裸妆的特点

裸妆是看起来仿佛没有化过妆一样的妆容。表面上没有着妆的痕迹，但看起来却精致许多，这是裸妆给人的第一印象。无论是好莱坞大牌明星，还是走在街上的邻家女孩，对她们来说裸妆都是盛夏季节的首选妆容。清透、自然的裸妆适合任何人群。

（二）裸妆的化妆步骤及方法

（1）底妆　裸妆对于底妆的要求较为严格，既要做到遮盖瑕疵，又不能呈现出厚重的妆感。薄和透是裸妆底妆的最基本要求。

（2）眉的修饰　眉的修饰不需要太过复杂，只要选择比眉色浅一号色的眉粉，用眉刷蘸取适量的眉粉，从眉头到眉梢的位置顺向滑过，之后再按照原有的眉形进行淡淡的描画即可。眉毛的颜色最好能够与头发的颜色协调一致。

（3）眼部的修饰　裸妆的眼部修饰不宜太夸张，稍微把眼线和眼影强调一下即可。

（4）唇的修饰　裸妆对唇的修饰只需要使用浅色的或裸色的口红进行晕染，不需要用唇线笔描画唇线。化裸妆时先要涂上浅色口红，再点上闪亮的唇彩。

（5）定妆　定妆可以使妆感更加柔和、自然，避免浮粉使妆感生硬、死板。粉刷的刷头抓粉力强而均匀，可呈现较好的定妆效果。

⊃ 实训项目

实训任务：化妆技巧训练。

实训目标：掌握化妆技巧，以及局部化妆和整体妆容造型。

实训准备：眉笔、修眉刀、眉剪、眼影、眼影刷、眼线笔、睫毛膏、睫毛夹、腮红、高光粉、口红、唇刷等。

实训内容：同学们以小组为单位，两人一组，结合课堂讲授的化妆礼仪，做化妆训练。各小组同学互相比较，检查妆面有无缺漏，眉毛、眼线、唇线及鼻影是否对称，色彩是否协调，眼影过渡是否自然，口红涂抹是否规则。结束后全班进行评分。

考核评分表

考核项目	考核要求	分值	得分
眉的化妆与修饰	①掌握修眉方法 ②能够根据脸型设计眉型 ③掌握眉的化妆技巧	10 10 10	
眼的化妆与修饰	①眼影的晕染 ②正确勾画眼线 ③掌握睫毛的修饰方法	10 10 10	
鼻的化妆与修饰	①正确涂抹鼻影 ②正确给鼻部打高光	5 5	
面颊的化妆与修饰	正确涂抹腮红	10	
基底妆	掌握基底妆的化妆步骤与方法	10	
唇的化妆修饰	掌握唇部的化妆与修饰方法	10	

⊃ 模块小结

本模块是形象设计的核心内容，也是化妆实训操作的关键内容。底妆、眉形、眼影、眼线的描画，睫毛膏、口红、腮红的涂抹等是化妆的基本操作步骤，是学习者必须掌握的内容。通过对职业妆、生活妆等特点的了解和学习，准确把握各种妆容的基本要求。在掌握一定的化妆知识和化妆技术后，学习者可运用这些化妆技巧将职业妆和自身的气质特点、不同的场合需要等完美结合起来，以更好地体现职业形象。

⊃ 问题与讨论

结合课堂讲授的化妆礼仪，分组做化妆训练。各小组同学互相比较，检查化妆的效果，并讨论职业妆与生活妆、裸妆的异同之处。

模块七　发型设计

➲ 学前导读

发型是人体美的重要组成部分，是自然美与修饰美的结合。发型不仅反映着人们的物质文化生活水平，而且也体现了时代的精神风貌。发型的选择应与脸型、年龄、职业、性格、气质、爱好相符。发型设计是人物形象设计整体造型表现的基础能力之一。学生在提高专业的人物形象设计水平的同时，还应提升发型的独立设计能力。

➲ 学习目标

知识目标

1. 掌握发型设计的基础操作知识。
2. 掌握盘发的设计原理。
3. 掌握职业发型的设计。

能力目标

1. 将所学发型基础知识在实践中运用。
2. 掌握并提高发型基础造型能力与表现能力。
3. 设计职业发型。

素养目标

培养学生审美素养，提高学生的发型设计能力和人物造型创作能力，培养学生精益求精的"工匠精神"。

单元一　脸型与发型

发型要与脸型相符合。人的脸型一般可分为很多种，设计发型时，只有对发型设计及化妆的原则有深刻的认识，针对脸型设计发式，进行平衡和调和，才能弥补脸型的不足，创造美丽和满意的效果。

一、长方脸型发型设计

长方脸型，就是脸型比较瘦长，额头、颧骨、下颌的宽度几乎相同，但是脸宽小于脸长的 2/3（图 7-1）。

1. 女士长方脸型发型设计

长方脸型的发型设计重点是下半部的头发要尽量增加蓬松度，头顶要服帖。如果头顶蓬蓬的，会拉长脸部的视觉比例。剪任何发型都不能太短，层次也不要打太高，以免让脸上半部的头发变蓬，使脸看起来更长；可以剪娃娃刘海，或者用娃娃刘海的发片来修饰脸部的长度比例。另外，长方脸型的人通常都比较瘦，所以可以用丰厚的卷发造型来修饰脸瘦的问题。但卷度要在下巴以下的位置，且头发要内卷（图 7-2），不要外卷。因为向外的卷发容易让脸瘦的人看起来更老气。

图 7-1　长方脸型

长方脸型的人在选择发型时要选能适当加宽额头宽度的，选用蓬松发型（图 7-3）最为恰当，尤其鬓边的蓬松可以很好地掩盖脸颊的瘦长。

图 7-2　内卷发型

图 7-3　蓬松发型

2. 男士长方脸型发型设计

这种脸型的男士头发切忌上方打蓬，避免强化长脸型，修饰的重点在于两侧的头发要弄蓬。切忌剪太短，层次不要打太高，避免让脸型拉长。

利用好刘海，头顶的头发不能高，不要增加脸的长度。不要留平直、中间分缝的头发，也不要把头发全部往后梳。可以剪到腮帮以上，侧分头发，脸会显得稍圆。

头发可以长至耳根，前额稍剪些刘海，会使脸显得短一些。如果一定要留长发，可以在前额处留刘海（图7-4），提高眼睛的位置。也可以在两边修些短发，盖住脸庞。

图7-4　前额处留刘海

二、圆脸型发型设计

圆脸型和方脸型一样，都是额头、颧骨、下颌的宽度基本相同，最大的区别就是圆脸型（图7-5）比较圆润丰满，不像方脸型那么方方正正。

1. 女士圆脸型发型设计

圆脸型的女士适合垂直向下的发型或盘发，最好选择头顶头发较高的发型，留一侧刘海，宜佩戴长坠形耳环。圆脸型女士发型的设计重点是两侧头发线条要往前，头顶要创造蓬松感，侧边的头发线条可以往前，这样脸看起来不至于太圆。为了使脸型看起来修长一些，刘海可偏分或中分。例如，将头发束起，两边的头发向上拉，让头发的线条往上，这样才能在视觉上把圆脸型拉长变成椭圆脸型。

图7-5　圆脸型

2. 男士圆脸型发型设计

圆脸型男士发型设计的重点在于两侧的线条要向上修剪，头顶要弄蓬，才不会让脸显得太圆。刘海盖过眉毛，可以修饰圆脸型。或者前刘海向上吹，可以在视觉上拉长脸部。顶发蓬松直立，前发短，两侧服帖，制造瘦长效果。

三、方脸型发型设计

方脸型（图7-6），也就是额头、颧骨、下颌的宽度基本相同，由于棱角突出使脸部线条显得过硬，应采用波形来弥补有棱角的感觉，突出脸部的竖线条，使脸型显得圆或椭圆。如果选择长发型，最好将全发烫成柔软的大波浪，在脸周围形成松松的

图7-6　方脸型

感觉。

1. 女士方脸型发型设计

宜选用不对称的刘海改善宽直的前额边缘线，同时又可增加纵长感。这种脸型的人最忌讳留短发尤其是超短型的运动发型。因此，应采用五五分头，减少宽度的视觉冲击。在鬓边留自然上卷的发梢，两边对称。发式以长发为佳，如果个子矮小不宜留长发，选择齐肩短发最好（图7-7）。

方脸型的人一般前额宽广，下巴颧骨突出，因此发尾要前梳，覆盖住两面颊，可以掩盖下巴骨骼的突出。如果往后梳，千万不要打薄，厚厚的发层能使两边脸颊的线条显得柔和（图7-8）。

2. 男士方脸型发型设计

这种脸型会给人比较阳刚的感觉。头顶弄蓬，刘海侧分，尽量把脸颊旁的头发也弄蓬，减少直线的感觉，刘海一定要短（图7-9）。

 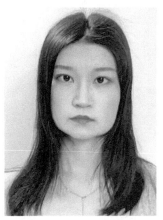 

图 7-7 女士齐肩短发　　　　图 7-8 女士方脸型发型　　　　图 7-9 男士方脸型发型

四、倒三角脸型发型设计

倒三角脸型即心形脸或瓜子脸，特点为眼睛、眉毛、额头这部分比较宽，从脸颊开始慢慢窄下去，两边有腮骨，下巴比较尖。

1. 女士倒三角脸型发型设计

由于额头比较宽、下巴比较窄，所以齐肩短发是非常适合倒三角脸型的。短发两侧蓬松的头发可以很好地修饰脸型，再剪个轻薄的空气刘海挡住额头，自然清秀的气质立马就出来了。

倒三角脸型的女士也可以尝试留中长发，自然微卷的头发散落在肩上，甚至能修饰成精致的椭圆脸。搭配一个有层次感的眉上刘海，中间短，两边稍长，可以修饰宽额头，在视觉上更添可爱甜美气质。

倒三角脸型同样适合马尾辫，利用空气刘海来遮挡额头，将脸部的比例协调后完美展现出来，再加上根俏皮的马尾辫，呈现运动系少女的风格。

2. 男士倒三角脸型发型设计

脸侧边的头发要弄得有蓬松感，头顶的头发不要弄得太蓬，避免让头的上方感觉很厚重。

五、正三角脸型发型设计

正三角脸型额头比较窄，脸的最宽处是下颌，呈上小下大的正三角形。

1. 女士正三角脸型发型设计

正三角脸型窄额头、宽下巴，对于这种脸型，在设计上应把太阳穴附近的头发设计得宽、高一点，以平衡下颌的宽度；尽量把刘海剪高一点，使额头看起来大一些。并且避免下巴附近的头发太多。发型要求上半部有动感，下半部稳稳垂下，能在一定程度上平衡脸型的不均衡感（图7-10）。

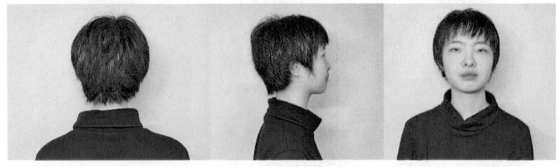

图7-10 女士正三角脸型发型

2. 男士正三角脸型发型设计

正三角脸型与倒三角脸型相反，在发式选择上应综合方脸型和长方脸型的修饰方法，做法与倒三角脸型相反。发型设计重点放在头顶及两鬓的加宽、下巴的掩盖上。

六、椭圆脸型发型设计

1. 女士椭圆脸型发型设计

椭圆脸型对称性较强，因此大波浪卷发可以让脸型看起来更加柔和、浪漫，复古羊毛卷也能突显椭圆脸型的美感。此外，椭圆脸型也适合短卷发、中长卷发、波波头等（图7-11）。

2. 男士椭圆脸型发型设计

椭圆脸型的男士适合蓬松纹理烫短发、厚重短发、凌乱的短发、平头短发、蘑菇头短发等。总体而言，椭圆脸型的选择范围

图7-11 女士椭圆脸型发型

很广，可以根据个人喜好和形象需求来选择合适的发型。

七、发型与脸型搭配的误区

误区一：圆脸型人的头发中间分缝。

误区二：长脸型的人不留刘海。

误区三：方脸型的人剪平直或中分的发型。

误区四：倒三角脸型的人梳厚重的发型。

单元二 盘发设计

盘发在人们的日常生活中常会用到，通过盘发能塑造女性端庄、古典、艳丽、高雅、自然等不同气质。

一、盘发的类型

（一）按使用场景分类

盘发按使用场景可分为生活盘发、宴会盘发、新娘盘发、表演盘发。

1. 生活盘发（图7-12）

1）特点：易梳理、简单随意、实用、持久。

2）手法：编各种辫子、发卷盘绕成发髻。

3）造型原则：收紧头发，体现简洁大方、自然、亮丽与流行的原则。

4）注意事项：减少琐碎、繁重的设计，突显干练的风格。

图7-12 生活盘发

2. 宴会盘发（图7-13）

1）特点：体现现代与古典的美感，突出高贵与华丽的气质。

2）手法：包髻、波纹等古典盘包手法。

3）造型原则：达到雍容华贵、光彩照人的要求。

4）注意事项：梳理发丝要光滑、波纹流畅、精雕细刻；多用于晚间，应配以晶莹闪烁、异彩流光的首饰。

图7-13 宴会盘发

3. 新娘盘发（图 7-14）

1）特点：突出圣洁、秀丽、高雅的风格，烘托新娘身上的喜庆气氛。

2）手法：波纹、卷筒手法。

3）造型原则：要求与服饰协调，线条明快，演绎清新浪漫、别致的风格。

4）注意事项：配以鲜花、钻饰、珍珠等饰物，给人以自然、清新、纯洁或甜美的感觉。

4. 表演盘发（图 7-15）

1）特点：发型新颖、夸张，充分体现发型师的构思。

2）手法：手摆波纹、发卷等手法。

3）造型原则：在前发区和顶发区造型，突出设计主题与思想，有创意，具有夸张性，造型鲜明，富有立体感及艺术感染力。

4）注意事项：突出发型的艺术感染力，与流行相结合。

图 7-14　新娘盘发

图 7-15　表演盘发

（二）按脸型分类

1. 椭圆脸型盘发

椭圆脸型的人适合任何一种盘发发型，可塑性强，如图 7-16 所示。

2. 圆脸型盘发

盘发时，刘海宜高耸，或顶发增高，尽量避免用卷发或曲线的线条来造型，拉长脸部的造型比较适合，不宜留齐刘海。

3. 倒三角脸型盘发

盘发时头顶不宜过高或过尖，着重额前的头发造型，可选择蓬松自然造型，也可以选择自然轻松碎刘海，额头两侧宜蓬松，颈部也可以适当采用侧发或夹卷修饰。

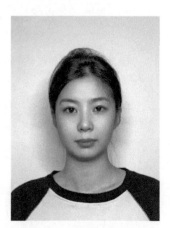

图 7-16　椭圆脸型造型

4. 方脸型盘发

刘海适宜四六或三七分，增加视觉错感。盘发时适当采用侧发或夹卷修饰。

5. 正三角脸型盘发

盘发时，顶部和前额两侧蓬松为好，宽度最好与下颌骨平齐或自然宽出一些，可改变脸型的尖锐感。

6. 长方脸型盘发

刘海四六分，盘发时不宜高点定位，要加强宽度感或制造卷度增加蓬松感。

（三）按风格分类

1. 中式盘发

中式盘发多数干净利落，复古的波浪式刘海是中式造型中较具代表性的特征，显得正式，温柔端庄，大气古典，如图7-17所示。

2. 韩式盘发

韩式盘发造型为了制造出蓬松自然的感觉，均需要用电发棒让头发卷曲，然后再编出发辫，进行打理。韩式盘发简洁清新、高贵典雅，衬托出女性的端庄气质，如图7-18所示。

3. 欧美盘发

欧美盘发简单自然，头发不做处理直接盘起，也不加任何装饰与修饰，给人的感觉干练又舒适，如图7-19所示。

图 7-17　中式盘发

图 7-18　韩式盘发

图 7-19　欧美盘发

二、盘发的步骤

1. 盘发工具的准备

（1）梳子（图7-20）

1）包发梳：用于梳理头发表面纹理，常用于梳理梳过的头发表面。

2）尖尾梳：用于梳发、分发。

（2）发夹

1）带齿鸭嘴夹：常用于固定发区较多的头发，如图 7-21 所示。

2）平面鸭嘴夹：用于固定发区或暂时固定波纹头发或线条。

3）U 形夹：用于固定造型较高的头发和连接底部较蓬松的头发，如图 7-22 所示。

（3）电发棒（图 7-23）用于卷曲头发，使头发更加自然，更具动感。

（4）直板夹（图 7-24）用于将头发拉直或做出自然外翘、内扣的效果。

图 7-20　梳子

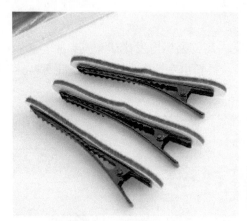

图 7-21　带齿鸭嘴夹

图 7-22　U 形夹

图 7-23　电发棒

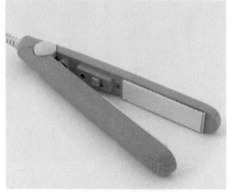

图 7-24　直板夹

（5）恤发器　用于增加头发弯曲纹理和发量，使头发更具动感。

（6）发胶和啫喱膏

1）发胶：用于固定头发，保持发型持久。

2）啫喱膏：用于固定头发，易于造型。

（7）橡皮筋 用于将头发固定在所需位置。

2. 盘发分区

在盘发前一定要先根据脸型、气质、服装、妆容等进行发型设计，然后再进入头发的分区步骤，头发的基本分区如图7-25所示。

刘海区：用于遮盖前额的缺点及调整脸型的长短。

侧发区：用于弥补头部和脸型宽窄、胖瘦的不足。

顶发区：是盘发的焦点，它是与其他四区相混合的整体。

后发区：用于弥补头顶和凹凸缺点。

3. 扭曲和固定

将头发分成几个部分，就可以开始扭曲和固定头发了。可以使用发夹或发卡来固定头发，确保它们不会松动。可以选择不同的扭曲方式，例如，将头发卷成圆形或将头发扭成螺旋形。

4. 组合和塑形（图7-26）

一旦将头发扭曲和固定在合适的位置，就可以开始组合和塑形了。可以使用发胶或发蜡来帮助塑形，并确保它们保持在合适的位置。可以选择不同的组合方式，例如，将头发盘成一个蝴蝶结或将头发盘成一个发髻。

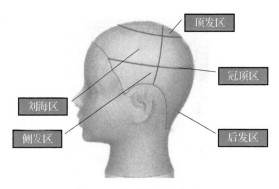

图7-25 头发的基本分区

图7-26 组合和塑形

三、盘发常用手法

（1）卷筒 较正规，有高贵、古典、典雅的感觉，符合东方人的审美，突出女性的婉约与大气。可利用前额刘海及头顶的造型对脸型进行不同程度的调整。

（2）手推波纹 有复古、华丽的感觉，具有流动感，适用于方正、有棱角的脸型，可增加柔美的气质。

（3）制造乱发 凌乱自然的盘发，有现代前卫、活泼的效果，适合一些脸型偏圆或国字形脸，显得年轻。

四、盘发常用的造型元素

（一）假发

假发可以快速简便地完成造型变换，是盘发时必要的补充元素。

1. 假发在盘发中的作用

1）短发做盘发时，可利用假发做整体结构，制造真实效果。

2）可利用假发变换出不同的风格。

3）辅助真发增加发量，可在内部做填充，达到预期的高度和宽度，真发包在假发外层，使其变得饱满。

4）造型多样、夸张，可完成真发无法完成的造型，假发的颜色丰富，可配合另类妆、时尚妆等达到协调统一的效果。

2. 假发的运用

1）真、假发各完成一部分造型。

2）前部用真发做造型，后部用假发垫高。

3）假发做基座，完全用真发完成造型。

4）真发较短不宜盘扎时，可用假发将真发全部覆盖做出造型。

注意事项：真、假发衔接时，要求颜色、质地一致，上下协调，真实自然。

（二）头纱

头纱是结婚盘发时的重要饰物之一，头纱层层叠叠的皱褶，犹如新娘甜蜜堆积的心情，溢满了幸福。在西方国家，头纱与中国的红盖头拥有相同的意义。

1. 头纱的色彩

白色——最圣洁的颜色，主要适合白纱造型（图7-27），以体现新娘的圣洁、高雅、端庄。而米白、浅金、香槟色的纱，往往成为时尚新娘的首选。

2. 头纱款式（图7-28）

1）细网眼软纱：垂感好，轻盈浪漫，在大海、花园等背景前拍摄时，特别能增加浪漫与飘逸的氛围。

2）大网眼纱：华贵隆重，适合教堂婚礼或室内欧式逼真背景。

3）单层圆纱：设计感较强，造型变化丰富，也易修饰脸型与身材的不足，配合一些素、淡、雅的晚礼服，显得浪漫轻盈。

4）多层蓬纱：适合塑造一些高贵、圣洁、隆重、华丽的风格，多数与窄摆的婚纱搭配。要避免搭配蓬蓬裙，否则会显得烦琐。

5）宽细长条纱：配合饰品塑造不同风格的造型，根据色彩的不同，可以搭配风格不同的白纱与晚礼服。

6）金属网纱：时尚前卫，适合创意造型，有着金属的质感。

图 7-27 白色头纱

图 7-28 头纱款式

（三）其他盘发造型元素

1）花艺类：绢花类仿真饰品能突出新娘青春、活泼、靓丽的感觉；干花类饰品则更显个性与气质，但应注意色彩、形状、大小、叶片及枝茎的使用，也可与其他饰品搭配造型。

2）羽毛类：各色及各种质感的羽毛轻盈飘逸，配合柔美的色彩更显造型的娇俏迷人。

3）纱网类：如各色网纱、软硬纱、各色缎带、丝带等，这也是最容易表现新娘温柔、妩媚的造型素材（图 7-29）。

4）水晶类：如水晶、珍珠饰品，运用时应注意盘发人的气质，塑造出复古与摩登、优雅与前卫等风格多变的造型。

5）金属类：如金属丝、金属网、链饰、发簪等，搭配服装传达一种现代、华贵的气息（图 7-30）。

6）其他类：如皮革或其他质地的饰品，能给化妆师更自由的设计空间。

图 7-29 纱网类头纱款式

图 7-30 金属类头饰

单元三　职业发型设计

发型在一个人的整体形象中扮演了极其重要的作用。发型是一个人外在形象的表现，也是一个人内在气质的反映，更是一个人精神面貌的体现。

一、职业发型设计原则及要求

（一）发型设计原则

1. 整齐

职业人员的发型首先要求整齐。头发不能随意散乱，需要修剪整齐。男性不要留长发，女性不要将头发盘得太花哨，也不要披散到背后，以免影响工作形象。

2. 朴素大方

职业人员的发型要求朴素大方，为了展现职业素养，发型不应过于奇异张扬，甚至需要避免过于复杂的造型。头发的颜色也应尽量接近自然发色，避免使用夸张的烫染效果，以免显得太突兀。

3. 干净整洁

头发的卫生情况也是必须关注的。长时间不洗头会让头发变得油腻，所以要经常洗头。

（二）发型设计要求

1）男性前发不附额。

2）男性侧发不掩耳。

3）男性后发不及领。

4）女性不要随便披发过肩。

二、职业发型的选择

职业发型首先要干练简洁，但是也不能给人太死板的印象。清爽的利落感，塑造知性风格。

1. 自然舒适的盘发

韩式丸子头很多人都会扎，但这种高高在顶的扎法并不适合职业女性。职业女性适合干净利落、自然舒适的盘发，如图7-31所示。

2. 半扎发

半扎是职场上比较常见的一款经典扎法，它也是分分钟就可以搞定的。将头发分成两部分，用手抓出合适的造型效果，然后把上半部分的头发简单扎起来，再轻轻抓出蓬松效果（图 7-32）。

3．短发

短发（图 7-33）线条利落、清爽干净、易于打理，通常给人一种干练、自信的感觉，常见的短发造型有齐耳短发、齐肩短发、波波头等。

图 7-31　自然舒适的盘发

图 7-32　半扎发

图 7-33　短发

三、职业发型设计技巧

（一）发型要与颈部结合

（1）颈部胖而短　在额头使用斜向刘海，发顶梳高，两边梳成波浪形，这样会显得颈部修长。

（2）颈部较长　用柔和的卷发盖住脖子，头发应留到颈部，视觉上会让颈部缩短些。

（二）发型要与头型相符合

发型设计的目的之一是巧妙地利用头发整形，克服头型的缺陷，产生完美头型的效果。设计发型时应仔细研究头型，弥补缺陷。

职业男士不要留长发或某些时髦新潮的奇特发型，最好也不要剃光头，不把头发染成过分鲜艳扎眼的颜色。职业女士的发型虽然并不拘泥于短发和直发，但也应注意要相对稳重一些，不能过分张扬和花哨。选择的发型要与年龄相符合，年长者要求简朴、端庄、成熟、稳重，因此，比较适宜大花型的短发或盘发，给人以温和可亲的感觉；年轻人则要注重美丽大方、新颖别致，比较适宜盘发、扎辫子、短发等。

（三）发型要与身材相符合

（1）矮小身材的人的发型　个子矮小的人给人一种小巧玲珑的感觉，在发型选择上要扬长补短。发型应以秀气、精致为主，避免粗犷、蓬松，否则会使头部与整个形体的比例失调，产生大头小身体的感觉。从整体比例上，应注意长度适中，不宜留太长的头发。可利用盘发增加身体高度（图7-34），而且要在如何使头发秀气、精致上下功夫。烫发时应将花式做得小巧、精致一些。

（2）高瘦身材的人的发型　这种体型的人容易给人细长、单薄、头部小的感觉。要弥补这些不足，发型要求生动饱满，避免将头发梳得紧贴头皮，或将头发搞得过分蓬松，造成头重脚轻。一般来说，高瘦身材的人比较适宜留长发、直发。应避免将头发削剪得太短薄，或盘高发髻。头发长至下巴与锁骨之间较理想，且要使头发显得厚实、有分量。

（3）矮胖身体的人的发型　矮胖者可选择整体向上的发型，例如运动式发型。此外可选择有层次的短发、前额翻翘式的发型，不宜留长波浪、长直发。矮胖者一般脖子显短，因此不要留披肩长发，而要尽可能让头发向高处发展，以在视觉上增加身体高度。

图7-34　矮小身材的发型

（4）高壮身材的人的发型　该体型给人一种力量美，但对女性来说，缺少苗条、纤细的美感。为适当减弱这种高大感，应努力追求大方、健康、洒脱的美。一般以留简单的直短发为好，或者是大波浪卷发；对直长发、长波浪、束发、盘发、中短发式也可酌情运用。注意：切忌发型花样繁复、造作；头发不要太蓬松。总的原则是简洁、明快、线条流畅。

（5）溜肩型身材的人的发型　溜肩型身材的女性设计发型时要弥补这方面的不足，可在肩颈部周围留出丰盈的发量。溜肩型身材的人不宜留短发。

（四）发型要与职业相符合

1）运动员和体育爱好者的发型：头发宜短，线条简单流畅，波纹平淡自然，发型持久，易于梳理。

2）戴工作帽职业者的发型：既要简洁，又要美观，一般以中长发和短发为宜，戴帽时头发不外露，脱帽后又能保持优美的发型，如医务工作者、商业服务人员的发型。

3）文艺工作者的发型：要求新颖多样，突出个性，富有艺术气息。

4）接待服务人员的发型：大饭店及大公司的服务营业人员、导游、外贸接待人员，其发型应以整洁美观为主，既具有民族特点，又富有时代气息，给人以健康明朗、文明礼貌的良好印象。

5）教师、机关人员的发型：要求线条简单、波纹平淡自然，发型优美大方、朴实端庄。

（五）根据发质选择发型

1）油性发质：宜短发，便于清洁。

2）粗硬发质：不宜剪短发。

3）头发稀少：不宜分中缝。

➲ 实训项目

实训任务：发型设计训练。

实训目标：通过实训，使学生能够充分认识到发型设计在面试中的重要性，并掌握面试盘发等方面的知识和技能。

实训准备：

1．查阅面试盘发视频等资料，了解面试盘发的基本要求和注意事项。

2．准备实训材料和工具：发夹或发卡、橡皮筋、发胶或定型喷雾、镜子、发带。

3．确定实训时间和地点，确保场地布置整洁、舒适。

实训内容：

1．学生需按照实训目标，认真参与各项实训活动，积极学习并掌握面试盘发相关知识。

2．学生在实训过程中需注重时间观念，展现良好的个人形象。

3．学生应积极参与发型设计的练习，提升自己的外在形象。

考核评分表

考核项目	考核要求	分值	得分
认识面试盘发	是否了解发型在面试中的重要性	20	
面试盘发的规范	盘发设计是否符合标准要求	20	
礼貌用语与体态	是否熟练使用礼貌用语，体态是否得体	20	
小组互评	需参与小组互评，提供对其他组员表现的客观评价，包括优点和改进建议。每位学员需展示出良好的观察力和沟通能力，并以建设性的方式提供反馈，促进团队整体提升	20	
实训活动总结	对本次实训活动的总结与反思	20	

➲ 模块小结

不同的发型能体现人不同的精神面貌，好的发型可以增加外在魅力，提升个人的外在形象，也能体现出个人的素质素养。适合自己的发型不仅可以修饰脸型与头型，还有修饰身材的作用。

➲ 问题与讨论

1．案例分析：小刘是医生，天生圆脸，一直梳中分发型。小刘医术精湛，但是他的患者很少，很多患者不信任他。结合所学知识帮助小刘改变一下发型。

2．结合课堂讲授的盘发技巧，同组同学根据对方脸型为其设计一款盘发造型，并实践操作。

参考文献

［1］李婳. 社交礼仪［M］. 2 版. 北京：中国人民大学出版社，2018.

［2］文晓玲，李朋. 社交礼仪［M］. 大连：大连理工大学出版社，2008.

［3］彭林. 中华传统礼仪概要［M］. 北京：高等教育出版社，2006.

［4］宋华清. 旅游接待礼仪［M］. 北京：中国科学技术出版社，2012.